O cristal e o caminho de luz

Sutra, Tantra e Dzogchen

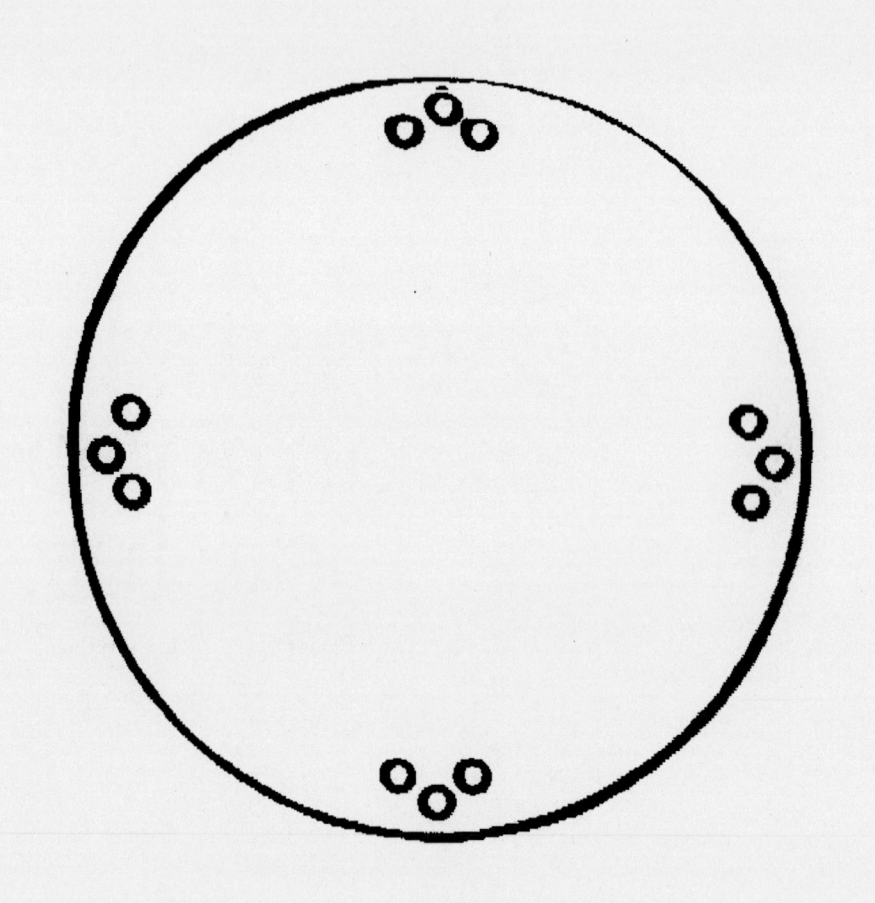

Ensinamentos de
Chögyal Namkhai Norbu

O cristal
e o caminho
de luz

Sutra, Tantra e Dzogchen

Tradução: Rogério Ferreira

Compilado e editado por **John Shane**

*Dedico este livro ao meu mestre Changchub Dorje e aos
meus tios Ogyen Tendzin e Khyentse Chökyi Wangchub,
e para o benefício de todos os seres sencientes.*

Namkhai Norbu Rinpoche

Título original: *The Crystal and the Way of Light: Sutra, Tantra, and Dzogchen*

Todos os direitos desta edição são reservados a:
© 2017 2AB Editora Ltda (Lúcida Letra é um selo editorial da 2AB Editora Ltda)

Coordenação editorial: Vítor Barreto
Revisão técnica: Otavio Lilla
Preparação: Vinícius Melo
Revisão: Thaís Lopes, Fábio Rocha
Projeto gráfico de capa e miolo: Aline Alves (Bibi) e Aline Haluch | Studio Creamcrackers

Impresso no Brasil

DADOS INTERNACIONAIS DE CATALOGAÇÃO NA PUBLICAÇÃO (CIP)

N174c   Namkhai Norbu, Chögyal, 1938-.
          O cristal e o caminho de luz : sutra, tantra e Dzogchen / ensinamentos de Chögyal Namkhai Norbu ; compilado e editado por John Shane ; [tradutor: Rogério Ferreira]. – Teresópolis, RJ : Lúcida Letra, 2017.
          244 p. : il. ; 23 cm.

          Inclui índice.
          ISBN 978-85-66864-39-7

          1. Budismo - Tibet. 2. Bön (Religião tibetana). 3. Vida espiritual. 4. Dzogchen. 5. Tibet - Cultura. 6. Budismo tântrico. I. Shane, John. II. Ferreira, Rogério. III. Título.

                                  CDU 294.3(515)
                                    CDD 299.54
          Índice para catálogo sistemático:
            1. Budismo : Tibet   294.3(515)

(Bibliotecária responsável: Sabrina Leal Araujo – CRB 10/1507)

Sumário

Ilustrações

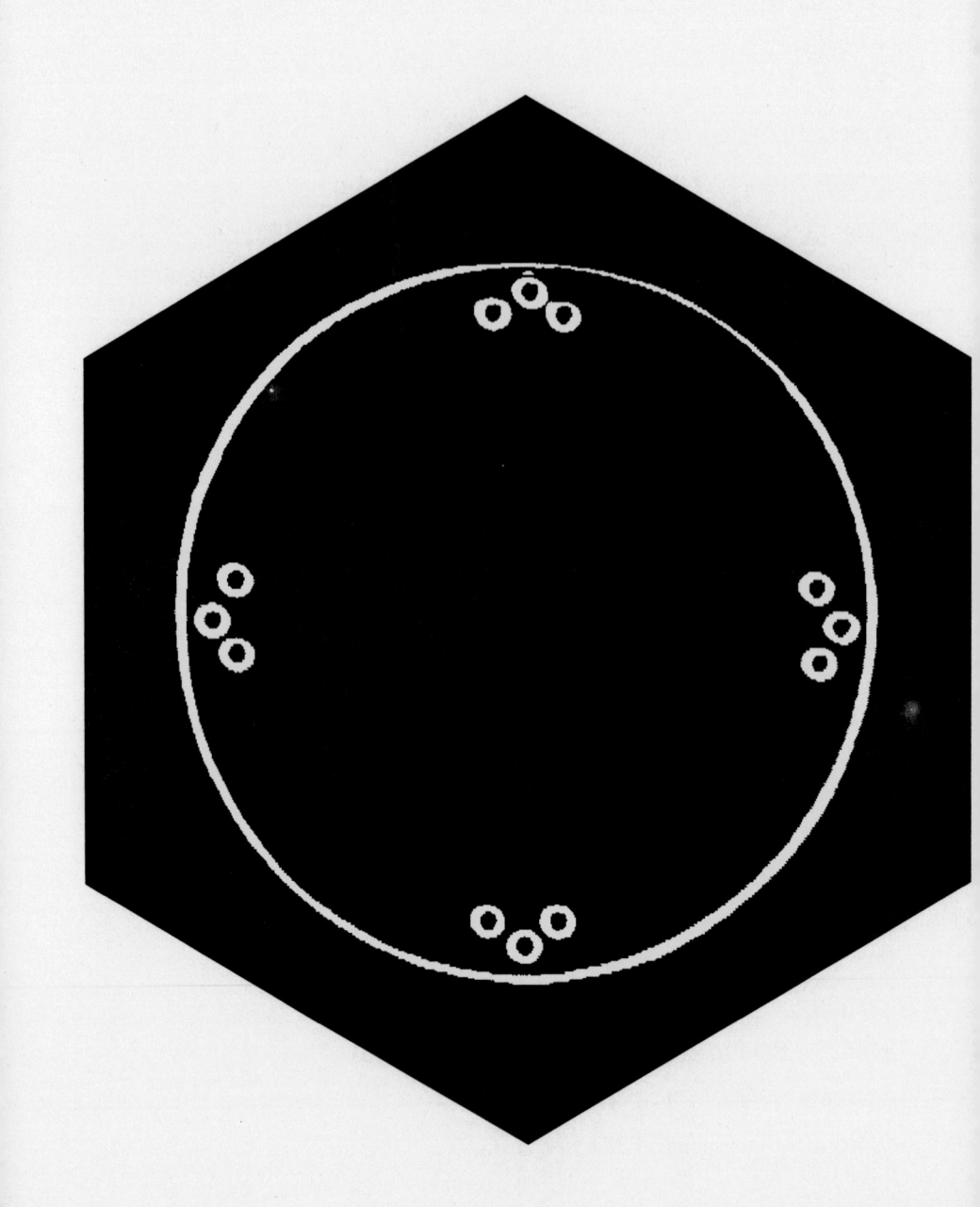

O cristal e o caminho de luz

e o caminho de luz

de luz

Sutra, Tantra e Dzogchen

Nota do editor para a edição da Snow Lion

Em 1980, quando fui inicialmente convidado a trabalhar com Chogyal Namkhai Norbu para produzir um livro em inglês sobre o Dzogchen, a previsão era de que o projeto duraria cerca de um ano. Mas, no fim, ele levou quatro anos para ser concluído e, de fato, até 1986 *O Cristal e o caminho da luz* não veio a ser publicado. Vale a pena lembrar – agora que a Snow Lion Publications está preparando o lançamento de uma nova edição nos Estados Unidos, revista e atualizada – que, na época em que o livro foi publicado, não havia obras sobre Dzogchen disponíveis para o leitor ocidental comum. Além disso, Chogyal Namkhai Norbu era praticamente o único lama tibetano que estava disposto a ensinar Dzogchen abertamente aos ocidentais. A extraordinária generosidade de sua atitude, em relação ao que era considerado em muitos círculos como um ensinamento reservado, baseava-se em sua grande sabedoria e clareza, visto que ele previa o enorme aumento do interesse pelo budismo tibetano que se desenvolveria nos anos seguintes. Ele estava completamente consciente de que havia grande carência, no coração de um crescente número de pessoas, de um ensinamento que pudessem praticar em meio às suas vidas ocupadas, em um mundo que a cada ano parecia se tornar mais acelerado – e ele sabia por experiência própria que o Dzogchen era o ensinamento ideal para essas necessidades.

Como se viu, a intuição de Rinpoche sobre o modo como as coisas se desenvolveriam se mostrou extremamente acurada, e o interesse por ensinamentos espirituais autênticos, que estava crescendo tão rapidamente no Ocidente, levou *O cristal* a se transformar imediatamente em um grande sucesso editorial. Esse sucesso surpreendente parece ser ainda mais impressionante quando, com o benefício da retrospectiva, se considera que o Tibete e o budismo tibetano eram assuntos relativamente obscuros naquela época, e que os ensinamentos Dzogchen, o tema deste livro, não eram bem conhecidos nem mesmo entre os que já tinham interesse pelo budismo.

Agora, a causa do Tibete está na moda e há muitos livros disponíveis a respeito de cada aspecto do budismo tibetano, incluindo o Dzogchen, que não é mais considerado um assunto obscuro.

Mas a chegada de outros livros sobre o mesmo assunto não parece ter diminuído o interesse que *O cristal e o caminho da luz* despertou quando foi publicado pela primeira vez: ele continua a encontrar novos leitores, e tivemos a sorte de permanecer em catálogo por várias edições, com diversas editoras ao longo dos anos. Isso tem sido uma fonte de grande satisfação tanto para Rinpoche quanto para mim – além do processo gradual de ver o livro ser traduzido para mais de doze idiomas diferentes até agora, incluindo o tcheco, francês, alemão, italiano, polonês, russo (quatro edições *samizdat* distintas), espanhol e, talvez o mais surpreendente, para o chinês (mandarim).

O cristal foi originalmente compilado a partir de transcrições de fitas de ensinamentos orais dados por Chogyal Namkhai Norbu em retiros e palestras em várias partes do mundo, entre 1979 e 1986, e de notas que eu mesmo fiz em palestras que não foram "oficialmente" registradas. O livro também inclui materiais provenientes de conversas privadas com Rinpoche, que aconteceram durante os anos em que viajei com ele ao redor do mundo, atuando com frequência como seu tradutor.

Embora Rinpoche possuísse um bom conhecimento do inglês, em geral, até o final de 1984, ele preferia ensinar em italiano, a língua ocidental com a qual estava mais familiarizado naquela época. Ele costumava falar umas poucas frases em italiano e fazer uma pausa, para que fossem traduzidas para a língua da maioria dos ouvintes – qualquer que fosse ela. Quando estava na Itália, é claro, a maioria dos ouvintes não precisava de tradução – mas mesmo assim Rinpoche fazia pausas em suas palestras para ser traduzido para o inglês, considerando aqueles que não conseguiam entender o italiano.

Este livro não poderia, portanto, ter sido produzido sem o esforço dedicado de todos que, ao longo dos anos, traduziram, gravaram e transcreveram os ensinamentos de Rinpoche. As traduções espontâneas feitas nos retiros são, com frequência, bastante inspiradas e as transcrições subsequentes das palestras são escrupulosamente fiéis ao que foi registrado nas gravações, no entanto, o que efetivamente apareceu das transcrições impressas deixou muito a desejar, tanto em termos de clareza de sentido quanto de consistência de linguagem.

Uma das principais tarefas do editor foi verter em boa linguagem escrita todo o material usado no livro, e assegurar a consistência do vocabulário e do uso gramatical, ausente nas transcrições originais.

Mas, acima de tudo, a partir dos muitos volumes de ensinamentos transcritos – lidando detalhadamente com diferentes tópicos – tinha de ser concebida uma estrutura geral para o livro que refletisse a estrutura inerente dos ensinamentos como um todo, sem perder a qualidade tão distinta do estilo oral de ensinar de Rinpoche. Tentei fazer isso estabelecendo no livro um padrão de alternância entre a apresentação dos seus ensinamentos e as histórias divertidas e esclarecedoras que ele usa de forma tão efetiva para ilustrá-los. Era exatamente assim que se estruturavam as palestras individuais de Rinpoche. Espera-se que esta apresentação expresse a qualidade extremamente direta e pessoal dos ensinamentos dele.

Já mencionei acima que o livro original levou, em lugar de um ano, quatro anos para ser escrito. O motivo foi que, como eu nunca estava totalmente satisfeito com o resultado, continuava revisando inúmeras vezes o manuscrito. Quando pedi orientação, Rinpoche sugeriu que eu compilasse um livro que minha mãe – uma mulher inteligente, educada e culta, mas que não sabia nada sobre budismo –

pudesse entender e achar útil. Foi isso que tentei fazer.

Quando comecei a trabalhar neste projeto, queria incluir tudo o que Rinpoche tinha ensinado, não deixando nada de fora. Essa pretensão levou a primeira versão completa do livro a ser cerca de cinco vezes mais longa do que a versão publicada. Gradualmente, percebi que não era necessário incluir tudo o que Rinpoche já tinha ensinado, mas compor um livro que contivesse apenas o suficiente dos ensinamentos para dar ao leitor exatamente o que precisasse saber. Assim, após essa constatação, cada vez que eu reescrevia o livro ele se tornava mais curto e mais simples, até chegar à sua forma atual. Já que era destinado ao leitor comum assim como ao leitor acadêmico, na medida do possível evitei sobrecarregar o texto com muitas notas de rodapé. Incluí uma série de ilustrações, para trazer ao leitor um autêntico gosto da arte e cultura do Tibete ao longo da leitura informativa, por vezes complexa.

Se, em alguma medida, fui bem sucedido em meu trabalho como editor, foi devido à extraordinária paciência de Chogyal Namkhai Norbu, que continuamente disponibilizou tempo para explicações em particular e esclarecimentos suplementares. No entanto, quaisquer erros ou desvios de ênfase que possam ter perdurado no texto são, é claro, de minha inteira responsabilidade.

Além do trabalho daqueles que traduziram e transcreveram as palestras de Rinpoche, muitos amigos e colegas ajudaram com o texto do livro, e eu gostaria de agradecer nominalmente a alguns deles. Brian Beresford (que, infelizmente, já faleceu), Jill Purce e Nancy Simmons, entre muitos outros, deram contribuições importantes para a evolução do livro original.

Na preparação desta edição revista e atualizada para a Snow Lion Publications, o conselho e as sugestões de meus colegas no Comitê de Publicação Internacional da Comunidade Dzogchen, Adriano Clemente e James Valby, foram inestimáveis, assim como os comentários de muitos outros tradutores que verteram o livro para várias línguas ao longo dos anos e que me informaram sobre as partes que consideraram difíceis. Em particular, Elias Capriles, de Merida, Venezuela, tradutor de *O cristal* para o espanhol, levantou pontos muito importantes que foram incorporados ao texto e às notas de rodapé desta nova edição.

Autores e editores agradecem com tanta frequência a seus companheiros pelo constante apoio e encorajamento que fica difícil encontrar palavras para agradecer à minha esposa sem isso soar como a mera repetição de uma frase feita. Mas Jo realmente merece mais do que isso. Ela me acompanhou em todas as viagens ao redor do mundo que fiz com Rinpoche enquanto escrevia este livro e esteve comigo a cada passo do caminho durante os quatro anos nos quais trabalhei em uma revisão após a outra — assim como esteve presente durante as muitas semanas que foram empregadas para revisar o manuscrito uma vez mais para esta edição. Eu realmente não consigo imaginar como poderia ter completado este projeto sem a sua ajuda.

Por fim, e com a maior importância, devo, é claro, expressar minha gratidão a Rinpoche. Em primeiro lugar por me convidar para trabalhar com ele neste livro, e também por toda a sua bondade e paciência enquanto o projeto tomava forma. Reconheço que sou apenas um entre os inúmeros estudantes ao redor do mundo que demandam seu tempo e energia. Para mim, sua capacidade de oferecer orientação de forma tão compassiva a todos nós é uma incessante fonte de admiração.

No prefácio da edição original, escrevi:

Nesta época de crise premente para a humanidade, é da maior importância preservar e comunicar com clareza as tradições antigas de sabedoria que conduzem à transformação do indivíduo, pois elas possuem uma contribuição muito grande a oferecer para a transformação pacífica da sociedade, da qual depende a futura sobrevivência de nossa espécie e de nosso planeta. Espero que a colaboração de Chogyal Namkhai Norbu, com quem tive o grande privilégio de trabalhar, sirva verdadeiramente para contribuir, ainda que em pequena parcela, com o grande esforço que visa dar fim ao conflito e à discórdia, e com a promoção da paz e da liberação do sofrimento para todos os seres.

Essas palavras e os sentimentos que expressam são tão verdadeiros agora quanto eram na época em que foram originalmente escritas. Fico feliz em concluir novamente com elas esta introdução à nova edição de *O cristal*. Eu me esforcei ao máximo para tornar *O cristal e o caminho de luz* uma representação fiel dos ensinamentos de Rinpoche. Mas, por favor, lembre-se de que, ao se aproximar dos ensinamentos Dzogchen, nenhum livro jamais poderá substituir a transmissão recebida de um mestre totalmente qualificado. Que todos aqueles que ainda não possuem um verdadeiro "amigo espiritual" possam ser afortunados o bastante para encontrá-lo! Que seja auspicioso!

John Shane
Noite de lua cheia, novembro de 1999

Os seis versos vajra

Embora os fenômenos aparentes se manifestem como diversidade, esta diversidade é não dual,
e de toda a multiplicidade de objetos individuais que existem, nenhum pode ser restrito a um conceito limitado.

Permanecendo livre da armadilha de tentar dizer que é "deste modo" ou "daquele",
torna-se claro que todas as formas manifestas são aspectos do infinito sem forma e, indivisíveis dele, são autoperfeitas.

Vendo que tudo é autoperfeito desde o início,
a doença do esforço para obter qualquer fruto chega ao fim por si mesma
e, apenas permanecendo no estado natural assim como é,
a presença da contemplação não dual surge contínua e espontaneamente.

Os "Seis versos *vajra*" – ou, em uma tradução mais literal, as "Seis linhas *vajra*", já que o original tibetano consiste em apenas seis linhas – contêm um resumo perfeito do ensinamento Dzogchen. A tradução do tibetano para o inglês foi realizada por Brian Beresford e John Shane, em uma versão bastante livre, seguindo a explicação oral de Chogyal Namkhai Norbu. A ilustração abaixo mostra os "Seis versos" na letra cursiva em estilo Umed, com a caligrafia é de Chogyal Namkhai Norbu. A íntegra do texto principal deste livro poderia ser considerada um comentário sobre os "Seis versos", que são o conteúdo do *Trashipai pal rigpai khujug tantra*, o "Tantra que como um cuco augura a fortuna da consciência não dual (*rigpa*)". Assim como o

cuco é o primeiro arauto da primavera vindoura, também esse tantra
e esses versos são os arautos do despertar espiritual vindouro.

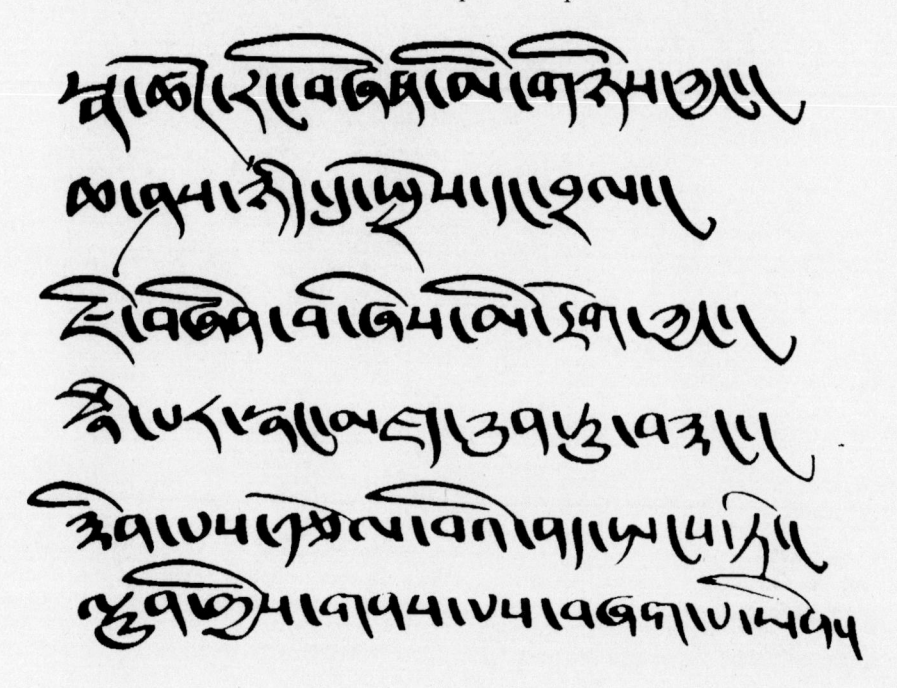

Caligrafia de Chögyal Namkhai Norbu

Saudação às três raízes

Namo guru bhya! Namo deva bhya! Namo dakini bhya!

Homenagem ao ensinamento Dzogchen

Assim como o Sol nasce no céu, do mesmo modo possa também o grande tesouro secreto de todos os vitoriosos,[1] o supremo ensinamento Dzogchen, surgir e se propagar por todos os reinos! – Padmasambhava.

Letra "A" branca no alfabeto tibetano, símbolo do estado primordial

---

1 Os "vitoriosos" se referem àqueles que superaram a condição dualista.

1

MEU NASCIMENTO, PRIMEIROS ANOS DE VIDA E EDUCAÇÃO, E COMO ENCONTREI MEU MESTRE PRINCIPAL

Desde o princípio, todo o infinito número de seres existentes tem como condição essencial inerente o estado perfeitamente puro de um ser iluminado; sabendo que isso é verdade também para mim, eu me comprometo com a realização suprema.

Linhas sobre bodhicitta, escritas por Longchenpa (1308–1363), expressando o conceito de "Base" no Anuyoga.

Quando nasci, na vila de Geug, no distrito Kongra da província de Derghe, no leste do Tibete, no décimo mês do ano do tigre da terra (dezembro de 1938), dizem que, apesar do inverno, as roseiras perto da casa dos meus pais floresceram. Entre meus tios, dois logo vieram visitar minha família. Haviam sido discípulos de um grande mestre, Adzam Drugpa, que morrera alguns anos antes, e ambos agora eram mestres dzogchen. Acreditavam veementemente que eu era uma reencarnação do seu mestre. Sua crença vinha das coisas que ele havia lhes falado antes de morrer. O mestre também havia legado alguns pertences especiais para um filho, a quem disse que, depois de sua morte, renasceria de meus pais. Quando eu tinha dois anos, fui oficialmente reconhecido como uma reencarnação por um importante trulku da escola Nyingmapa[2], que me presenteou com alguns mantos. Não me

---

2   Ver o Apêndice 2 para uma biografia mais detalhada do autor.

lembro de muitos detalhes do que aconteceu então, mas sei que depois disso recebi uma quantidade enorme de presentes!

Mais tarde, aos cinco anos de idade, também fui reconhecido pelo XVI Karmapa e pelo Situ Rinpoche daquela época como a reencarnação da mente de outro grande mestre, que por sua vez era a reencarnação do fundador da moderna nação do Butão. Sua linhagem havia sido a dos dharmarajas, ou chogyals[3], os governantes espirituais e temporais daquele país até o início do século XX. Conforme crescia, eu recebia um bom número de nomes e títulos, muitos bastante longos e pomposos. Mas nunca os usei, porque sempre preferi o nome que meus pais me deram quando nasci. Eles me chamaram de Namkhai Norbu, que é um nome especial a seu modo. Norbu significa "joia" e namkhai significa "do céu" ou "do espaço". Em nomes tibetanos não é comum usarem o genitivo, mas foi assim que meus pais escolheram me chamar, porque, embora tivessem quatro ótimas filhas, fazia anos que queriam ter um menino.

Esse anseio era tão forte que contrataram os serviços de um monge para recitar uma invocação a Tara (ver a ilustração da p.221) em seu nome por um ano inteiro, pedindo que seu desejo fosse atendido. Esse monge também se tornou tutor da minha irmã. Finalmente ele teve um sonho, que interpretou como um sinal favorável. Sonhou que uma linda planta crescia bem em frente à lareira da casa de meus pais. Da planta brotava uma linda flor amarela que desabrochava e ficava enorme. O monge tinha certeza de que isso indicava o nascimento de um menino. Mais tarde, quando nasci, meus pais ficaram tão felizes que pensaram que eu era um presente dos céus. Por isso me chamaram de "joia do espaço", e é esse o nome que nunca abandonei.

---

3 O Chögyal (*chos rgyal*) era a reencarnação de Shabdrung Ngawang Namgyel, e estava acima da autoridade monástica suprema — Je Khempo, eleito por dois colégios monásticos — e do governante temporal supremo — o Deb ou Desi, cujo posto também era eletivo.

Poliedro de cristal do século XVIII, do Tibete (fotografia de John Dugger e David Medalla, Londres)

Meus pais sempre foram muito amorosos comigo e cresci um menino tão travesso quanto qualquer outro. Ensinaram-me a ler e a escrever em casa. Quando eu era pequeno, com frequência sonhava que estava viajando em alta velocidade dentro daquilo que parecia ser um tigre, um bicho estranho e barulhento. Eu nunca tinha visto um veículo motorizado, pois naquela época não havia nenhum deles em nossa região do Tibete. Mais tarde, é claro, viajei em muitos carros e então os reconheci como aquilo que tinha visto nos sonhos. Quando, ainda adolescente, avistei pela primeira vez um caminhão, era noite e eu estava a cavalo, na encosta de uma montanha, observando os veículos que cruzavam as novas rodovias chinesas lá embaixo.

As luzes vermelhas brilhavam na traseira dos gigantes caminhões que trovejavam por ali, e eu pensei que eles estavam pegando fogo.

Sonhei também com estranhos objetos voadores em chamas, que explodiam causando uma terrível devastação. Agora sei que eram mísseis que estavam em desenvolvimento muito longe, em outras partes do mundo.

De vez em quando, eu pregava tantas peças em nossos vizinhos que acabava em apuros quando meu pai chegava das viagens que muitas vezes seu trabalho exigia. Ele me batia, eu ficava com muita raiva e tentava revidar nos vizinhos que tinham contado ao meu pai o que eu tinha feito, aprontando mais ainda contra eles. Então, é claro, eu acabava outra vez em apuros. Comecei a me tornar mais atencioso, sobretudo, em virtude da influência da minha avó. Ela havia sido discípula de Adzam Drugpa e se interessava muito por mim. Às vezes, ela conseguia me proteger das punições, evitando que meus pais descobrissem o que eu tinha feito.

Lembro que uma vez encontrei o corpo de um grande roedor, uma marmota. Sem ninguém perceber, passei uma tarde feliz brincando com a criatura morta. Até enchia seu corpo com água e despejava sobre minha cabeça. Mas quando levei meu brinquedo para a cama comigo, minha avó percebeu. Ela sabia que minha mãe ficaria muito nervosa se soubesse o que eu tinha feito e, preocupada com a possibilidade de eu pegar alguma doença, não contou a ninguém. Considerei sua atitude bondosa, e eu realmente a amava muito. Assim, quando a vi chorando sozinha por causa do meu comportamento, pensando que eu já estava dormindo, fiquei muito sensibilizado e resolvi me endireitar. Mas não posso dizer que tenha sido completamente bem sucedido na superação de minhas travessuras.

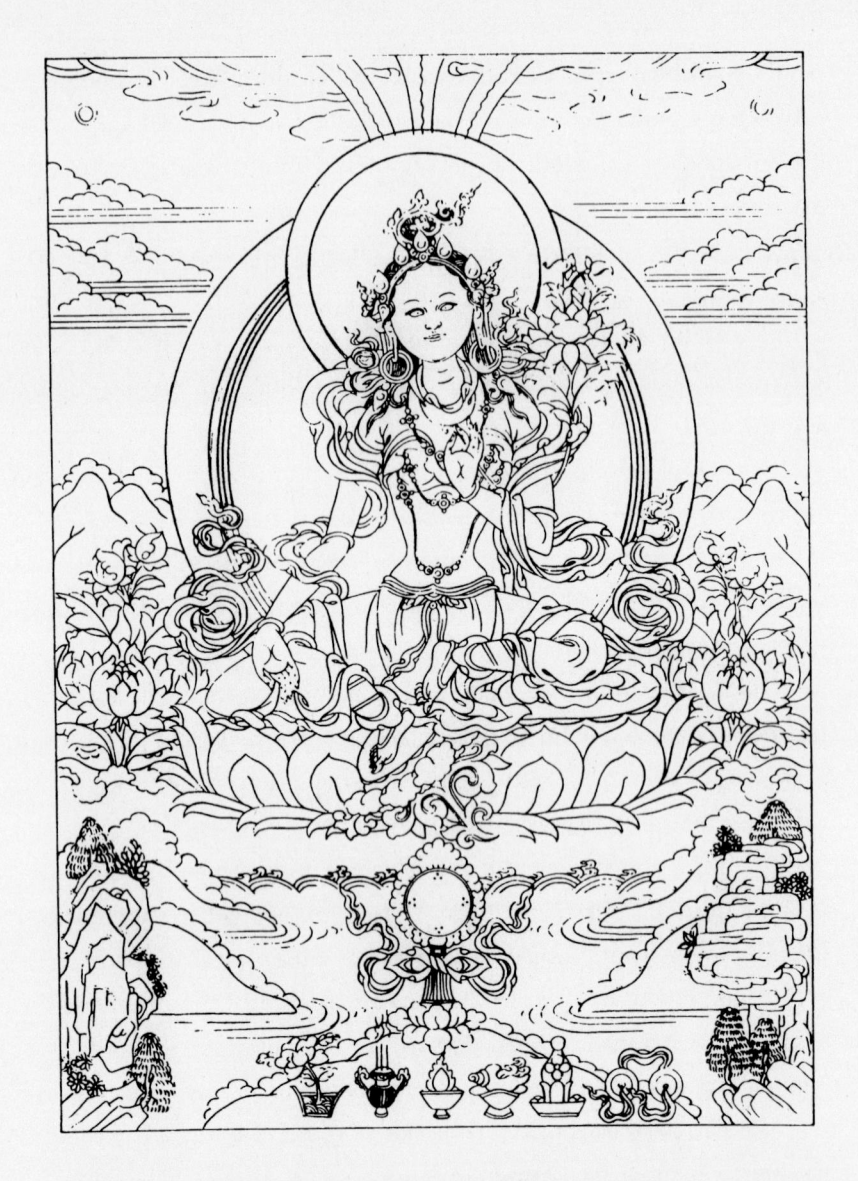

Tara Verde. Existem 21 diferentes manifestações sambhogakaya de Tara, uma emanação feminina do buda dharmakaya primordial chamado Amitabha. Cada forma de Tara personifica um aspecto específico da compaixão. Tara Verde representa o aspecto ativo e energético da compaixão, e é a protetora nacional do Tibete, ao passo que Tara Branca, por exemplo, personifica o aspecto fértil, maternal da compaixão. (Desenho de Nigel Wellings)

Um dia, aos meus cinco anos, estava brincando fora de casa quando doze monges chegaram, todos vestidos com elegância. O lugar onde morávamos era muito isolado, dificilmente passava algum viajante, por isso fiquei muito surpreso ao vê-los. Não podia imaginar por que eles haviam vindo. Eles entraram em casa e pouco depois fui chamado para acompanhá-los. Fui levado a um pequeno santuário que tínhamos em casa e eles me vestiram com finos mantos de seda. Eu não entendi por que me vestiam com tanta elegância, mas mesmo assim gostei. Fiquei lá, em um alto trono que tinham preparado especialmente para mim, por horas e horas, enquanto eles realizavam um ritual, e depois eles foram embora. Pensei comigo: "Bem, agora acabou." Mas todos continuaram me lembrando que eu era uma reencarnação e seguiram me tratando com grande respeito, e logo percebi que, longe de ser o fim de qualquer coisa, tudo estava apenas começando.

Poucas semanas depois, alguns monges vieram e me levaram ao monastério Derghe Gönchen, que era um lugar muito importante na região: o próprio rei de Derghe morava lá. Meu pai trabalhava na administração, sob comando do rei, de início com um cargo a grosso modo equivalente ao de prefeito ou governador de província no Ocidente e, depois, já que ele amava tanto os animais, como diretor do departamento encarregado de prevenir a caça em excesso ou fora de temporada em toda aquela região do Tibete. Fui levado à presença do rei e, por ser agora reconhecido como uma reencarnação, ele colocou à minha disposição um prédio inteiro dentre aqueles que compunham o monastério. Até os meus nove anos, morei lá com um mestre, um professor que me fazia estudar arduamente, dia e noite. Havia muito a aprender, inclusive todas as regras e preces do monastério. Um monge normalmente termina aos dezenove anos a fase de estudos que cursei por lá, mas eu a completei com oito anos, porque meu mestre era muito rigoroso e não me concedia nenhum tempo livre. Eu também tinha um dom natural para memorizar.

Meu lado travesso, contudo, conseguia vir à tona de tempos em tempos. Eu me lembro, por exemplo, que, uma vez – quando o rei estava entretido em uma cerimônia militar que exigia que ele ficasse imóvel montado a cavalo por um longo tempo, no pátio abaixo da primeira janela do telhado da minha casa – me inclinei sobre o parapeito e usei um espelho para refletir os raios do sol nos olhos dele, a fim de ofuscar sua visão. Minha intenção, bastante inocente, era de tornar mais leve a pesada e excessiva gravidade da ocasião para o rei. Felizmente para mim, naquela época ele me conhecia muito bem. Então, em vez de ficar ofendido, até gostou da brincadeira assim que recuperou a compostura.

Durante um ano, aprendi as regras de desenho e prática da mandala, e depois disso fui para uma faculdade monástica. Um instituto sempre tem suas regras e regulamentos e a grade curricular do que eu frequentava normalmente era concluída em cinco anos. Mas, como entrei com idade muito inferior à usual, permaneci lá durante seis anos. A idade normal de ingresso era de, no mínimo, treze anos e eu só tinha 9 anos quando fui para lá. Portanto, não contaram meu primeiro ano, que foi considerado uma espécie de período de experiência para ver se eu era capaz de acompanhar o curso. Não era mais só uma questão de memorizar informações: estudávamos filosofia, o que exige uma capacidade de raciocinar bem. Muitas pessoas achavam o curso pesado demais e desistiam.

Sendo bem mais novo do que todos os outros estudantes, a vida no instituto tampouco era fácil para mim e sofri da mesma maneira que os outros os rigores da vida nesse tipo de instituição. Tive que aprender muito rápido algumas lições práticas. Quando meu pai me levou ao instituto para o primeiro semestre de aulas, me deixou com suprimentos suficientes para o período de três meses que se passaria antes que eu voltasse para casa em um feriado. Mas eu nunca tinha administrado sozinho minhas provisões e, por ser generoso demais em minha cortesia com os colegas, lá pela metade do período que deveriam durar eu já havia gasto tudo. Quando minha comida acabou, consegui sobreviver por uma semana com chá de manteiga de iaque salgada, que era a única coisa fornecida pela instituição. Mas logo fiquei com fome demais para me importar com orgulho e, por fim, arrumei coragem para encarar a humilhação de ter que pedir ajuda ao professor. Com muita amabilidade, ele conseguiu que eu recebesse um prato de sopa toda noite e, é claro, no período seguinte fui bem mais prudente com meus recursos.

Os regulamentos da instituição eram aplicados de forma muito rigorosa: toda noite tínhamos que permanecer em nossos pequenos quartos depois do jantar e até a hora de dormir, para praticar e estudar. Lamparinas de manteiga e carvão para aquecimento eram fornecidos para nosso uso, mas não em quantidades muito generosas. Toda noite, um trulku como eu devia recitar um grande número de práticas para manter os compromissos assumidos ao receber suas iniciações. Lembro que uma vez a manteiga em minha lâmpada acabou antes que eu tivesse completado a minha leitura.

Não era permitido sair do quarto àquela hora e havia um monge vigiando os corredores para assegurar que as regras fossem cumpridas. Por isso, não me atrevi a ir até um vizinho e pedir uma lamparina emprestada, mas tentei ler minhas práticas com a luz do carvão aceso. Eu conhecia alguns textos de cor e era capaz de recitá-los mesmo com a minha luz reduzida a meras fagulhas. Mas quando a última faísca finalmente acabou, fiquei no escuro, diante de uma longa pilha de páginas tibetanas que ainda precisava ler se quisesse manter meus compromissos de *samaya*. Naquela época, eu não sabia como manter o compromisso aplicando a essência da prática, e interpretava e executava de maneira muito literal todas as instruções dadas por meus professores.

Nas férias, encontrei tempo para visitar meus dois tios e essas visitas foram muito importantes para mim, porque ambos eram praticantes de Dzogchen. Um desses tios era um abade e o outro um iogue, e no decorrer dos próximos capítulos pretendo contar algumas histórias de minhas experiências com eles, as quais espero que deem vida aos ensinamentos Dzogchen para o leitor. Meu relacionamento com ambos foi muito importante durante os meus anos de faculdade e o exemplo deles como praticantes foi um contraponto fundamental à ênfase no estudo intelectual que dominou minha vida dos nove aos dezesseis anos.

Finalmente, em 1954, aos dezesseis anos, completei meus estudos e deixei a instituição. Na ocasião, eu sabia muito a respeito das diversas formas de ensinamentos e era considerado bem instruído em medicina tibetana e também astrologia. Eu havia estudado diligentemente com muitos mestres e alguns deles até julgavam que eu tinha dominado a disciplina o suficiente para me pedirem que ensinasse a outros no instituto. Eu podia recitar de cor textos inteiros de filosofia e rituais, e, quando me graduei, realmente acreditava que tinha aprendido muito. Somente mais tarde consegui compreender que não tinha entendido nada de verdade.

Embora eu ainda não soubesse, esses eventos me levavam em direção ao mestre que colocaria tudo o que eu tinha aprendido e vivenciado em uma perspectiva nova e mais profunda. Através do contato com ele, cheguei a um redespertar e a uma compreensão verdadeira dos ensinamentos Dzogchen. Sob sua influência, consegui compreender a importância desses ensinamentos e, finalmente, ensiná-los no mundo ocidental. Esse mestre não era uma figura importante. Em geral, os tibetanos estão acostumados a ver os ensinamentos explicados por mestres famosos e de alta posição, que se apresentam em grande estilo. Sem esses sinais exteriores, na verdade, as pessoas geralmente não conseguem reconhecer as qualidades de um mestre e eu mesmo poderia não ter tido uma atitude diferente.

Mas, ao sair do instituto, recebi minhas primeiras responsabilidades oficiais. Fui mandado à China como representante da juventude tibetana na assembleia provincial da província de Szechuan, o órgão de governo local. Enquanto estava lá, comecei a aprender a língua chinesa e também a ensinar a língua tibetana. Com essas atividades secundárias além do meu encargo oficial, eu era muito ocupado. Mas não podia deixar de notar o quanto a estrutura política e social era diferente naquele lugar, ou deixar de me perguntar como aquilo que estava acontecendo na China afetaria, por fim, meu próprio país e seu povo.

Certa noite, tive um sonho – um sonho particularmente importante – no qual vi um lugar com muitas casas brancas feitas de cimento. Como não era um estilo de construção tibetano, mas um tipo de construção em geral encontrado na China, presumi equivocadamente (como descobriria mais tarde) que as casas fossem chinesas. Ainda no sonho, quando me aproximei das construções, vi que em uma delas o mantra de Padmasambhava estava escrito bem grande, em letras do alfabeto tibetano. Fiquei espantado, pois, se fosse mesmo uma casa chinesa, por que haveria um mantra escrito em tibetano sobre a entrada?

Então abri a porta, entrei e, dentro, vi um ancião aparentemente normal. Por uma razão qualquer, uma pergunta me veio de forma espontânea: "Esse homem poderia na verdade ser um mestre?" Para minha surpresa, ele se curvou para tocar sua testa na minha, da maneira como os mestres tibetanos saúdam uns aos outros, e começou a recitar o mantra de Padmasambhava. O que acontecia ainda era muito surpreendente para mim, mas, naquele momento, estava totalmente convencido de que o idoso no sonho era um mestre.

Então, me disse para dar a volta até o outro lado do grande rochedo que havia ali perto, acrescentando que no meio do rochedo eu encontraria uma caverna que continha oito mandalas naturais. Disse-me para ir vê-las imediatamente. Isso me surpreendeu ainda mais do que encontrar um mestre em circunstâncias tão estranhas, mas mesmo assim o obedeci e fui logo procurar o grande rochedo que ele mencionara. Quando cheguei lá, meu pai apareceu atrás de mim e, enquanto eu entrava na caverna, começou a recitar em voz alta o "Sutra do coração", ou *Prajnaparamita hridaya*, um importante sutra mahayana. Comecei a recitar com ele o sutra e juntos circulamos por todo o interior da caverna. Tentei o quanto pude, mas não conseguia ver o conjunto das oito mandalas que o mestre tinha me dito para procurar. Só conseguia distinguir os cantos e as bordas, mas, com as mandalas em mente, acordei.

Um ano após esse sonho, quando eu havia acabado de retornar da China ao Tibete, um homem veio visitar meu pai em nossa vila. Ouvi casualmente ele contar sobre um médico extraordinário que acabara de conhecer. Descreveu o lugar onde o médico morava e o próprio homem em detalhes, e enquanto ele falava o sonho retornou à minha memória. Eu tinha certeza de que o homem que ele descrevia era o mesmo que eu tinha visto em meu sonho.

Conversei de imediato com meu pai sobre isso. Já havia lhe contado sobre o sonho que tivera na China, sobre um ancião que parecia ser um mestre, e agora eu o lembrava do sonho, perguntando se poderíamos visitar o médico de quem seu amigo falava. Meu pai concordou e partimos no dia seguinte. Tivemos de viajar por quatro dias a cavalo, mas quando chegamos à vila onde o médico morava, o ancião que encontrei realmente parecia ser aquele que eu tinha visto no sonho. Tive – de verdade – a sensação de já ter estado naquela vila antes, com suas casas tibetanas feitas de concreto, ao estilo chinês. E o mantra estava inscrito acima da porta do velho senhor, exatamente do mesmo jeito que eu tinha sonhado.

Tudo isso me levou a não ter dúvida de que aquele senhor deveria ser meu mestre e, logo na minha primeira visita à vila, eu estava determinado a permanecer ali para receber seus ensinamentos. Seu nome era Changchub Dorje e ele parecia um camponês tibetano comum. À primeira vista, a maneira de se vestir e o modo de vida eram perfeitamente normais. Mas, como devo relatar mais tarde neste livro, sua condição de existência era longe de ser ordinária.

Os discípulos que moravam ao seu redor também viviam de maneira bastante comum. A maioria era gente muito simples, nem um pouco abastada, que cultivava plantações, trabalhava a terra e praticava junto.

Changchub Dorje era um mestre dzogchen, e o Dzogchen não depende de circunstâncias externas – ao contrário, é um ensinamento sobre o essencial da condição humana.

Quando mais tarde consegui sair do Tibete por conta das dificuldades políticas e, por fim, me estabeleci no Ocidente para ocupar um cargo de professor universitário no Instituto Oriental de Nápoles, na Itália, consegui perceber que, embora as condições exteriores e a cultura na qual as pessoas viviam fossem muito diferentes daquelas que havia deixado para trás no Tibete, a condição fundamental de cada indivíduo não era diferente.

Percebi que, como os ensinamentos Dzogchen não dependiam da cultura, poderiam ser ensinados, compreendidos e praticados em qualquer contexto cultural.

2

UMA PERSPECTIVA INTRODUTÓRIA: O ENSINAMENTO DZOGCHEN E A CULTURA DO TIBETE

Se você explicar o Dzogchen para uma centena de pessoas realmente interessadas, esse número ainda não será suficiente; mas se você o explicar para uma pessoa desinteressada, isso será demais.

Garab Dorje

Atualmente, muitas pessoas não estão nem um pouco interessadas em assuntos espirituais e sua ausência de interesse é reforçada pela perspectiva geralmente materialista de nossa sociedade. Se você lhes perguntar em que acreditam, elas podem até mesmo dizer que não acreditam em nada. Essas pessoas pensam que toda religião se baseia na fé, que consideram como algo pouco melhor do que a superstição, com nenhuma relevância para o mundo moderno. Mas o Dzogchen não deve ser considerado como uma religião e não exige de ninguém que acredite em coisa alguma. Ao contrário, ele sugere que o indivíduo observe a si mesmo ou a si mesma e descubra por si qual é a sua real condição.

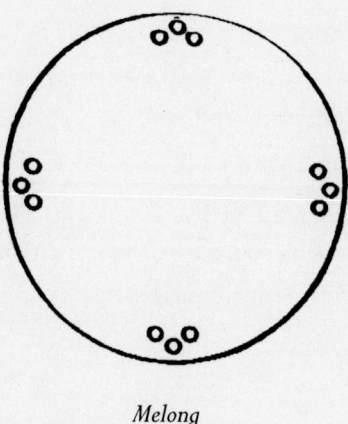

Melong

No ensinamento Dzogchen, o indivíduo é considerado como funcionando em três níveis diferentes: corpo; voz, ou energia; mente. Mesmo alguém que diz não acreditar em nada não pode dizer que não acredita em seu próprio corpo! É algo básico para a nossa existência, e os limites e problemas do corpo são claramente tangíveis. Sentimos frio e fome, sofremos dor e solidão, e passamos boa parte de nossas vidas tentando superar o sofrimento físico.

O nível de energia, ou voz, não é tão fácil de ser visto nem tão amplamente compreendido. Mesmo os médicos no Ocidente em sua maioria o desconhecem, tentando curar todas as doenças em um nível puramente material. Mas se a energia de alguém está perturbada, nem seu corpo nem sua mente estarão bem equilibrados. Certas doenças, como o câncer, são causadas por distúrbios de energia e não podem ser curadas simplesmente por cirurgias ou medicamentos. De modo semelhante, muitas doenças mentais e também alguns problemas mentais menos graves são causados pela má circulação de energia. Em geral, nossas mentes são muito complicadas e confusas, e, mesmo quando queremos ficar calmos, podemos descobrir que não conseguimos, porque nossos nervos e nossa energia agitada não permitem.

Para lidar com os problemas de corpo, voz e mente, o ensinamento Dzogchen apresenta práticas que trabalham com cada um dos três níveis do indivíduo – práticas que podem ser integradas ao cotidiano e transformar por completo nossa experiência de vida, transformando uma vida de tensão e confusão em uma vida de sabedoria e liberdade. Os ensinamentos não são meramente teóricos. Eles são práticos. E, embora o ensinamento Dzogchen seja extremamente antigo, como a natureza de corpo, voz e mente do indivíduo não mudaram, esse ensinamento continua tão relevante para a condição humana de hoje quanto era no passado.

O ESTADO PRIMORDIAL

O ensinamento do Dzogchen é, em essência, um ensinamento a respeito do estado primordial que é, desde o princípio, a própria natureza intrínseca de cada indivíduo. Ingressar nesse estado é conhecer a si mesmo de forma direta – como o centro do universo, embora não no sentido comum de ego. A consciência egocentrada comum é precisamente a limitada prisão da visão dualista, que bloqueia a experiência da verdadeira natureza de cada ser, esta sendo o espaço do estado primordial. Descobrir esse estado primordial é entender o ensinamento Dzogchen e a função da transmissão do ensinamento é comunicar esse estado, de alguém que o compreendeu ou nele se estabeleceu, para aqueles que permanecem enredados na condição dualista. Até mesmo o nome *Dzogchen*, que significa "grande perfeição", refere-se à perfeição intrínseca desse estado, fundamentalmente puro desde o princípio, sem nada para rejeitar ou aceitar.

Para entender e ingressar no estado primordial, não é preciso conhecimento intelectual, cultural ou histórico. Ele está além do intelecto por sua própria natureza. No entanto, quando as pessoas encontram um ensinamento que não ouviram antes, uma das primeiras coisas que querem saber é onde surgiu, de onde veio, quem o ensinou e assim por diante. Isso é compreensível, mas o Dzogchen propriamente dito não pode ser declarado como pertencente a qualquer cultura ou país. Por exemplo, há um tantra do Dzogchen, o *Dra thalgyur tsawai gyüd*, que diz que este ensinamento pode ser encontrado em treze sistemas solares diferentes do nosso. Assim, não podemos realmente dizer que ele pertence ao planeta Terra, menos ainda a qualquer cultura nacional em particular. A tradição dzogchen que estamos prestes a estudar tem sido transmitida através da cultura do Tibete, que lhe deu abrigo desde o início da história tibetana registrada. Apesar disso, definitivamente não podemos dizer que o Dzogchen é tibetano, porque o estado primordial em si não tem nacionalidade e é onipresente.

Mas também é verdade que os seres em toda parte entraram na visão dualista que encobre a experiência do estado primordial. E quando seres realizados tentaram se comunicar com eles, raramente foram capazes de transmitir por completo o estado primordial sem palavras ou símbolos, de modo que se utilizavam de qualquer tipo de cultura que encontravam como meio de comunicação. Dessa maneira, frequentemente a cultura e os ensinamentos se entrelaçaram e, no caso do Tibete, isso é verdade a ponto de não ser possível entender a cultura sem entender os ensinamentos.

Não que os ensinamentos Dzogchen estivessem particularmente difundidos ou fossem bem conhecidos no Tibete – na verdade, era o contrário. O Dzogchen sempre foi um ensinamento um tanto reservado. Mas é a essência de todos os ensinamentos tibetanos, tão direto que sempre foi mantido um pouco escondido e, com frequência, as pessoas tinham certo receio dele. Além disso, havia uma tradição dzogchen entre as antigas tradições do Bön,[4] as tradições indígenas

---

4   Para uma abordagem completa do significado do Bön para a cultura tibetana, ver Namkhai Norbu, *The necklace of Gzi, a cultural history of Tibet*, publicado pelo Information Office of His Holiness the Dalai Lama, Dharamsala, Índia, 1980; e também a mais recente publicação de Namkhai Norbu, *Drung, Deu and Bön: narrations, symbolic languages and the Bön tradition in ancient Tibet*, traduzido do tibetano, editado

e predominantemente xamânicas do Tibete, anteriores à chegada do budismo da Índia.

Portanto, se considerarmos o ensinamento Dzogchen como a essência de todas as tradições espirituais tibetanas, tanto budistas como bönpo (embora na verdade ele não pertença nem ao budismo nem ao Bön), e se entendermos que as tradições espirituais do Tibete são a essência da cultura tibetana, podemos usar este ensinamento como uma chave para compreender a cultura tibetana como um todo. Com essa perspectiva, pode-se perceber como os diversos aspectos da cultura tibetana têm se manifestado enquanto facetas de uma visão unificada de seres realizados, os mestres das tradições espirituais.

Semelhante a um cristal no coração de uma cultura, a claridade do estado primordial, como se manifestou nas mentes de muitos mestres, tem irradiado as formas da arte e iconografia tibetanas, medicina e astrologia, como raios brilhantes ou reflexos cintilantes. Assim, ao entender a natureza do cristal, estaremos mais aptos a compreender os raios e reflexos que emanam dele.

---

e anotado por Adriano Clemente, e publicado pela Library of Tibetan Works and Archives, em 1995.

3

COMO MEU MESTRE CHANGCHUB DORJE ME MOSTROU O VERDADEIRO SIGNIFICADO DA INTRODUÇÃO DIRETA

O conhecimento do Dzogchen é como estar no pico da montanha mais alta; nenhum nível das montanhas permanece misterioso ou oculto, e quem quer que se encontre no pico mais alto não pode ser condicionado por nada nem ninguém.

De um tantra do Dzogchen Upadesha

Quando fui ao meu mestre Changchub Dorje, minha educação no sentido intelectual estava completa. Minha mente estava abarrotada com tudo o que tinha aprendido nas faculdades monásticas. Pensava que, para receber a transmissão dos ensinamentos, iniciações com rituais elaborados fossem essenciais e pedi para Changchub Dorje me dar uma certa iniciação. Pedia todo dia, durante dias seguidos, mas ele sempre recusava.

— Qual a utilidade? — ele costumava dizer. Você já recebeu tantas iniciações de outros mestres; iniciações como essa não são o princípio do ensinamento Dzogchen. A transmissão não é recebida somente em iniciações formais.

Vajra duplo

Mas não importava o que ele dizia, eu continuava obcecado pelo tipo de iniciação com rituais executados com perfeição que outros mestres sempre haviam me dado. Não ficava satisfeito com as suas respostas e queria que ele colocasse um chapéu especial, preparasse uma mandala e derramasse um pouco de água sobre a minha cabeça ou algo assim. Era o que eu verdadeira e sinceramente queria, mas ele continuava recusando.

Por fim, insisti tanto que ele acabou concordando. Prometeu que em cerca de dois meses, no dia de Padmasambhava, o décimo dia do mês lunar tibetano[5], ele me daria a iniciação que eu queria: Samantabhadra e

---

5   O ano tibetano é organizado em um calendário lunar cujo ciclo frequentemente começa com a lua nova de fevereiro. A partir daí, a lua nova é sempre o primeiro dia do mês, e a lua cheia corresponde ao 15º dia. Do ponto de vista tântrico, o período da lua crescente favorece o método e são realizadas práticas de *heruka* durante essa fase – dentro da qual o décimo dia do mês é considerado particularmente auspicioso, sendo conhecido como Dia de Padmasambhava, porque o grande mestre realizou muitas ações nesse dia. O período da lua minguante favorece a energia, portanto, práticas de *dakini* são realizadas durante essa fase da lua, com o 25º dia sendo conhecido como Dia de Dakini, particularmente auspicioso. O oitavo dia do mês é dedicado a Tara e Mahakala, enquanto o 29º dia é dedicado aos guardiões do ensinamento em geral. A exceção à regra acima ocorre quando, por razões astrológicas, um dos dias em questão é considerado adverso, quando então é modificado e a data não corresponde ao dia no calendário lunar.

as deidades pacíficas e iradas do *bardo*.[6] Na verdade, não é uma iniciação muito complicada e um mestre experiente no assunto poderia realizá-la bem depressa. Mas Changchub Dorje nunca havia recebido educação formal e não estava acostumado a dar iniciações. Quando o dia finalmente chegou, a iniciação durou das nove da manhã até meia-noite. Para começar, ele precisava se preparar para executar um ritual de autoiniciação, que demorou até o meio-dia para ser completado. Em seguida, começou a me dar a iniciação. Mas como não tinha educação formal, ele não conseguia ler o texto sozinho e o pior era que dava para perceber que ele não sabia executar todos os detalhes do ritual que deveria fazer. Ele não era esse tipo de mestre.

Por isso, Changchub Dorje tinha um discípulo participando como assistente, um professor especializado, e era ele quem preparava todas as mandalas e objetos rituais. Assim, o discípulo começava a ler o texto para dizer ao mestre o que deveria fazer em seguida. Mas quando ele lia em voz alta que certo *mudra*, ou gesto, deveria ser feito pelo mestre que concedia a iniciação, Changchub Dorje não sabia como fazê-lo e eles precisavam parar enquanto ele aprendia.

Depois havia uma longa invocação que deveria ser cantada, invocando todos os mestres da linhagem, e, enquanto cantasse, o mestre deveria tocar o sino e o *damaru*, ou "pequeno tambor". Alguém acostumado a executar rituais poderia fazer tudo muito rápido, mas Changchub Dorje não estava acostumado com essas coisas e a situação toda se tornava vexatória, uma completa farsa.

Em primeiro lugar ele decifrava com seu assistente o que estava escrito nas notas do texto.

"Ah!", ele dizia. "Diz aqui que você tem que tocar o sino."

Então ele tocava o sino e por cerca de cinco minutos não fazia nada além de tocá-lo continuamente. Em seguida, lia que deveria tocar o

---

6   *Bardo*: geralmente esse termo se refere ao estado intermediário que se segue à morte do corpo físico e precede o renascimento.

damaru, então ele tocava o pequeno tambor por outros cinco minutos. Depois, de repente, ele dizia:

"Ah, agora entendi! Tenho que tocar o sino e o *damaru* ao mesmo tempo!"

A essa altura ele já havia esquecido o que deveria cantar, então precisava começar tudo de novo com ajuda de seu discípulo que sabia ler.

Changchub Dorje não tinha recebido o tipo de educação que envolve estudo, mas era um praticante que tinha manifestado sabedoria e claridade pelo desenvolvimento de sua prática, e, por sua sabedoria e claridade, era considerado um mestre. Ele não havia recebido o tipo de treinamento monástico que o prepararia para dar todos os tipos de empoderamento e, durante a iniciação que me concedeu, titubeou, levando o dia inteiro e boa parte da noite para fazê-lo. Quando terminou, eu estava em estado de choque, pois, por conta da minha formação, sabia muito bem como uma iniciação deveria ser feita, e não era daquela maneira.

Mas já era quase meia-noite e todos estávamos com muita fome. Cantamos juntos a "Canção do *Vajra*", muitas vezes (ver p.91). É um canto curto, lento, semelhante a um hino, característico da forma como o Dzogchen trabalha com o ritual, que conduz o praticante à contemplação através da integração com o som presente, com a estrutura de suas sílabas e com a melodia, que asseguram uma respiração profunda e relaxada. Em seguida, recitamos uma oferenda curta de *gana puja* e comemos.

Após a refeição, o mestre nos deu uma verdadeira explicação sobre o real significado de iniciação e transmissão, e eu entendi que, apesar de todas as iniciações formais que havia recebido na faculdade, nunca tinha entendido ou penetrado seu verdadeiro sentido.

Depois, sem interrupção, por cerca de três ou quatro horas, Changchub Dorje me deu uma verdadeira explicação do Dzogchen, não ensinando em um estilo intelectual, mas falando comigo de maneira muito direta e relaxada, amistosa, coloquial. Apesar de toda a minha educação, era a primeira vez que um mestre tentava me fazer entender algo de forma tão direta. O que ele falava e o modo como falava era exatamente como um tantra dzogchen, pronunciado em voz alta, de forma espontânea e contínua, e eu sabia que mesmo um erudito muito instruído não seria capaz de falar assim. Changchub Dorje falava a partir da claridade e não apenas de uma compreensão intelectual.

Daquele dia em diante, compreendi que o estudo intelectual, que previamente sempre tinha sido tão importante para mim, possuía valor apenas secundário. E entendi que o princípio da transmissão não consiste apenas na execução de rituais ou iniciações, ou em explicações intelectuais. Naquele dia, minhas construções mentais entraram em colapso. Até então eu estava completamente enclausurado por todas as ideias que tinha recebido em minha formação acadêmica.

A transmissão é vital para a introdução recebida no Dzogchen. A introdução direta que recebi de Changchub Dorje naquele dia e que continuei a receber durante minha permanência com ele era típica do modo pelo qual a transmissão do ensinamento Dzogchen tem sido transmitida ao longo da linhagem, de mestre para discípulo, desde o tempo de Garab Dorje, o primeiro mestre dzogchen, que recebeu a transmissão pelo contato visionário direto com o *sambhogakaya* (ver p.162).

Embora séculos antes da época de Garab Dorje uma forma mais simples e menos sofisticada de ensinamento Dzogchen tenha sido introduzida em várias correntes da tradição Bön por Shenrab Miwo, o grande reformador do Bön (ver o desenho na página ao lado), o que agora conhecemos como as "três séries de ensinamento Dzogchen" foram ensinadas pela primeira vez neste planeta, neste ciclo temporal, por Garab Dorje. E, embora o grande mestre Padmasambhava, que veio depois, seja sem dúvida mais conhecido, foi de Garab Dorje que ele recebeu a transmissão, tanto diretamente, na forma de uma transmissão visionária além do tempo e do espaço, quanto de modo usual, pois os ensinamentos foram transmitidos à linhagem dos discípulos de Garab Dorje e, por sua vez, aos seus discípulos.

Garab Dorje era um ser totalmente realizado, que manifestou um nascimento na forma *nirmanakaya* (ver p.163) como um ser humano, no terceiro século a.C., no país de Ogyen, que se situava no noroeste da Índia. Ele passou a sua vida naquele lugar, ensinando tanto seres humanos quanto *dakinis* (ver Apêndice 3, comentário à Figura 5). Seu último ensinamento antes de ingressar no corpo de luz foi sintetizar os ensinamentos em três princípios, às vezes conhecidos como as "três últimas declarações de Garab Dorje".

A VIDA DE GARAB DORJE

Garab Dorje – diferentemente de Buda Shakyamuni, que viveu antes de seu tempo, mas de modo semelhante a Padmasambhava, que veio depois – não apresentou um nascimento ordinário. Um ser realizado pode escolher a maneira, o tempo e o lugar de seu nascimento, de modo aparentemente impossível segundo o limitado ponto de vista da visão dualista. A mãe de Garab Dorje, Sudharma, era monja e filha do rei de Ogyen. A criança que ela deu à luz foi concebida depois de uma visão meditativa, um evento que tanto a encantava quanto a confundia. Ela estava envergonhada e receosa que as pessoas pensassem mal dela ou que acreditassem que a criança era um fantasma por ter nascido de uma virgem. Assim, escondeu-a em um fosso de cinzas.

Poucos dias depois, quando retornou cheia de remorso para procurar a criança, encontrou-a radiante e saudável, brincando nas cinzas onde ela a havia deixado. A corte aceitou que a criança era a encarnação miraculosa de um grande mestre e ela foi levada ao palácio do rei. Espontaneamente e sem ensino, a partir de sua grande claridade, começou a recitar tantras essenciais como se os recordasse, e o rei

ཀ༹ཤེན་རབ་མི་བོ་ཀུན་ལས་རྣམ་པར་རྒྱལ་བ༔

Xilogravura tibetana de Shenrab Miwo, sentado em um trono de lótus, portando um cetro suástico, o equivalente Bön do vajra budista, ou dorje, símbolo da natureza indestrutível, eterna, da energia primordial. Os registros históricos mais antigos encontrados relatam que um grande mestre espiritual, Shenrab Miwo, nasceu em 1856 a.C., reformou e sintetizou as várias tradições Bön existentes, substituindo sacrifícios de animais de verdade pelo uso de estatuetas rituais e introduzindo a mais antiga forma conhecida de ensinamento Dzogchen (Yandagbai Sembön), uma forma menos sofisticada do que as três séries de Garab Dorje. (Artista desconhecido) tinha tanto prazer em sua companhia que a chamou de *Praharsha Vajra*, que significa "*vajra* feliz" na língua de Ogyen, uma língua semelhante ao sânscrito. Em tibetano, o nome é traduzido como *Garab Dorje*.

Aos 7 anos, quando todos os pânditas instruídos do reino se reuniram em debate, Garab Dorje os derrotou na argumentação, demonstrando entendimento muito superior ao de qualquer um deles. Depois, ele apresentou o ensinamento Dzogchen e logo se espalhou para bem longe a notícia de que um jovem menino, que vivia no país de Ogyen e que era considerado a reencarnação de um grande ser, estava dando ensinamentos que iam além da lei de causa e efeito. Quando a notícia chegou à Índia, perturbou demais os pânditas budistas de lá, que decidiram que o pandita mais instruído de todos — chamado Manjushrimitra e extremamente hábil em lógica e debate — deveria liderar um grupo para derrotar no debate o tal jovem insolente e arrogante. No entanto, quando Manjushrimitra chegou, descobriu que o jovem era de fato um grande professor e que não conseguia encontrar falhas em seu ensinamento. Ficou claro que a realização da criança ultrapassava sua própria compreensão intelectual. Então ele ficou profundamente arrependido, e confessou a Garab Dorje a motivação equivocada que tivera ao ir conhecê--lo com a intenção de debater e derrotá-lo na argumentação. Garab Dorje o perdoou e continuou a dar-lhe mais ensinamentos. O que ele pediu a Manjushrimitra foi que, sendo o maior de todos os eruditos budistas de seu tempo, escrevesse um texto expondo o argumento do ensinamento com o qual Garab Dorje o havia derrotado. O texto que Manjushrimitra escreveu existe até hoje.[7]

Para entender em que sentido se pode dizer que o ensinamento de Garab Dorje ultrapassa a lei fundamental do carma, a lei de causa

---

7 O *Changchubsen gompa*, ou "Meditação sobre a *bodhicitta*", traduzido para o inglês por Namkhai Norbu, Dr. Kennard Lipman e Barrie Simmons, e publicado como *Primordial experience*, Shambala Publications, Boston, 1986.

e efeito, e portanto em aparente contradição com o ensinamento de Buda, e ainda assim ser um ensinamento perfeito, devemos considerar o famoso "Sutra do coração", síntese essencial da vastidão de sutras sobre *prajnaparamita*. Esse sutra proclama o ensinamento sobre a natureza de *shunyata*, vazio ou vacuidade de natureza própria (a ausência de existência independente e inerente postulada pelo budismo), elencando todos os elementos constituintes com os quais construímos nossa realidade e afirmando por sua vez que cada um deles é vazio ou destituído (de natureza própria). Portanto, o sutra expõe o vazio das funções dos sentidos e dos respectivos objetos, repetindo a fórmula: "... e então, porque todos os fenômenos são em essência vazios de natureza própria, não se pode dizer que o olho tem alguma existência independente e, do mesmo modo, não há na verdade algo como um ouvido, ou um nariz... nem uma faculdade de ver, nem de ouvir, nem de sentir cheiros ..." e assim por diante. Em seguida, o texto nega do mesmo modo a suposta autoexistência de todos os elementos centrais dos ensinamentos de Buda, a fim de mostrar o seu vazio essencial, incluindo na lista de negações a afirmação de que não há carma nem lei de causa e efeito.

Uma vez que está registrado no sutra que o grande bodisatva[8] Avalokiteshvara foi instado pelo próprio Buda a dar esse ensinamento ao grande *arhat* Shariputra, diante de uma imensa assembleia que reunia todos os tipos de seres, e como, ao final do sutra, o Buda elogia muito a sabedoria das palavras de Avalokiteshvara, estando registrado que todos se alegraram, fica claro que há um ensinamento além de causa e efeito, na verdade, além de todos os limites, bem no coração dos próprios ensinamentos do Buda.

---

8 Bodisatva: alguém que se comprometeu a alcançar a realização total para o benefício de todos os seres; o praticante do Mahayana. O "superior" ou "nobre" (*arya*) bodisatva é aquele que já teve acesso à verdade absoluta (do primeiro *bhumi* ou terceiro caminho em diante).

Garab Dorje (desenho de Nigel Wellings)

Garab Dorje teve muitos discípulos, tanto entre seres humanos quanto entre *dakinis*, e continuou a ensinar pelo resto da vida. Antes de dissolver seu corpo na essência dos elementos e ingressar na realização do corpo de luz, deixou uma síntese de seus ensinamentos, conhecidos como os "três princípios", que são apresentados a seguir.

Os três princípios de Garab Dorje, as três séries do ensinamento Dzogchen e outros grupos de três

Embora seu objetivo não seja desenvolver o intelecto, mas conduzir ao estado primordial que está além do intelecto, o ensinamento Dzogchen contém uma estrutura precisa e cristalina de explicações interligadas. Os três princípios de Garab Dorje são a essência dessa estrutura e todos os vários aspectos do ensinamento podem ser relacionados a eles em uma rede de componentes interligados de explicação, agrupados em três. O Apêndice 1 mostra as correspondências entre os grupos.

O primeiro dos três princípios de Garab Dorje é a introdução direta, a transmissão direta do estado primordial do mestre para o discípulo. Deveria ficar claro que essa transmissão em si não é algo que pertence ao reino do intelecto. Mas há três maneiras de se apresentar a introdução: direta, simbólica e oral. Esses três estilos de apresentação são características fundamentais do que se conhece como as "três séries do ensinamento Dzogchen": o *Mennagde*, ou "série essencial"; o *Longde*, ou "série do espaço"; e o *Semde*, ou "série da natureza da mente". Um diagrama das três séries também está incluído no Apêndice 1, que mostra a abordagem particular de cada uma. As três séries não devem ser vistas como três classes ou divisões, ou como escolas. São três modos de apresentação da introdução e três métodos de prática, mas todos visam a levar o praticante à contemplação e são igualmente ensinamentos Dzogchen. A divisão do ensinamento de Garab Dorje em três séries foi realizada por Manjushrimitra, seu principal discípulo, e mestres posteriores a continuaram.

O Mennagde trabalha de forma mais específica com o princípio da introdução direta, sendo a série essencial, enquanto o Longde está mais intimamente associado à introdução simbólica e o Semde à introdução oral. Cada série possui seu modo particular de apresentar a introdução à contemplação e ao estado primordial, mas o mesmo estado é transmitido diretamente como parte integral de cada série. Pode-se dizer que o Semde é a base fundamental para a transmissão do ensinamento Dzogchen, enquanto o Longde trabalha com os pontos principais do Semde. E pode-se dizer que o Mennagde se constitui dos pontos essenciais do Semde e do Longde, condensado pelos mestres de acordo com a sua experiência e com a descoberta, por eles, de *termas* (tesouros escondidos)[9]. Mas o Semde tendeu a ser eclipsado pela apresentação do Mennagde e em diversas ocasiões tem sido necessário reenfatizar sua importância.

---

9   *Terma* (*gTerma*) são textos ou tesouros escondidos por Padmasambhava, Yeshe Tsogyal ou outros grandes mestres do passado para serem revelados num momento determinado. Os tesouros da mente de sabedoria (*dgongster*) são revelados por alguns mestres a partir da grande claridade de sua contemplação.

4

Dzogchen em relação aos vários níveis do caminho budista

Abandone todas as ações negativas; sempre se comporte com perfeita virtude; desenvolva domínio completo de sua própria mente: eis o ensinamento do Buda.

Buda Shakyamuni

Se pensamentos surgem, permaneça presente nesse estado; se nenhum pensamento surge, permaneça presente nesse estado; na presença, não há diferença entre um estado e outro.

Garab Dorje

Para chegar a uma compreensão do Dzogchen, será útil considerá-lo em relação aos vários outros caminhos espirituais dentro do espectro do budismo em geral. São todos igualmente preciosos e têm sido ensinados em benefício de seres com diferentes níveis de capacidade. Todos esses caminhos possuem o objetivo comum de buscar superar o problema que surge quando alguém entra no dualismo, desenvolvendo um "eu subjetivo" ou

O PROBLEMA DO DUALISMO

"ego" ilegítimo que percebe o mundo como separado de si mesmo, externo e objetivo, e tenta continuamente manipular esse mundo a fim de obter satisfação e segurança. Na verdade, ninguém nunca conseguirá se sentir satisfeito e seguro dessa maneira, porque a causa do sofrimento e da insatisfação nada mais é que o senso fundamental de ser incompleto, que é a consequência inevitável de estar no estado do dualismo – e, além disso, todos os fenômenos aparentemente externos em que tentamos estabelecer nossa satisfação e segurança são impermanentes.

Buda era um ser totalmente realizado que manifestou um nascimento humano na Índia do século V a.C., a fim de ser capaz de ensinar outros seres humanos através de suas palavras e de seu exemplo de vida. O sofrimento é algo muito concreto, que todos conhecem e, se possível, querem evitar, portanto, o Buda começou o seu ensinamento falando disso em sua famosa exposição das Quatro Nobres Verdades.

A primeira verdade chama nossa atenção para o fato de que sofremos, indicando a existência da insatisfação básica inerente à nossa condição. A segunda verdade explica a causa da insatisfação, que é o estado dualista e a sede (ou desejo) insaciável inerente a ele: o sujeito reifica o objeto e tenta agarrá-lo por todos os meios, e por sua vez essa sede (ou desejo) afirma e sustenta a existência ilusória do sujeito como um ente separado da unidade integrada do universo. A terceira verdade ensina que o sofrimento cessará se o dualismo for superado e se a reintegração for alcançada, de modo que não nos sentiremos mais separados da plenitude do universo. Finalmente, a quarta verdade explica que há um Caminho que leva à cessação do sofrimento, que é aquele descrito no restante dos ensinamentos budistas.

Todas as várias tradições concordam que o problema básico do sofrimento existe, mas possuem métodos diferentes de lidar com ele para trazer o indivíduo de volta à experiência de unidade primordial.

Buda Shakyamuni, o buda histórico (desenho de Nigel Wellings)

A tradição Hinayana do budismo segue o caminho da renúncia, ensinado por Buda em sua forma humana e depois escrito no que ficou conhecido como os "sutras". Aqui o ego é considerado como uma árvore venenosa e o método aplicado é como desenterrar as raízes da árvore uma a uma. É preciso superar todos os hábitos considerados negativos, obstáculos à liberação. Nesse nível,

há muitas regras de conduta, governadas por votos que controlam todas as ações da pessoa. O ideal é o do monge ou monja, que toma o maior número possível de votos. Em todo caso, quer seja um monge ou praticante leigo, seu modo habitual de existir é considerado impuro e deve ser renunciado, de maneira ordenada, pelo desenvolvimento de vários estados de meditação, para reconstruir a si mesmo como um indivíduo puro que ultrapassou as causas do sofrimento, um *arhat* que não retorna mais à roda de nascimentos e mortes na existência condicionada.

Do ponto de vista do Mahayana, buscar dessa forma apenas a própria salvação e superar o sofrimento enquanto outros continuam a sofrer está aquém do ideal. No Mahayana, considera-se que a pessoa deve trabalhar por um bem maior, colocando o desejo da realização de todos os outros acima de sua própria realização, e de fato retornar continuamente para a roda de sofrimento para ajudar os outros a superá-la. Aquele que pratica dessa maneira é chamado "bodisatva". *Hinayana* (ou "caminho menor") e *Mahayana* (ou "grande veículo") são ambos parte do caminho da renúncia, mas suas abordagens características são diferentes. Como para cortar uma a uma as raízes de uma árvore leva muito tempo, o Mahayana trabalha mais para cortar a raiz principal, de modo que as outras raízes possam definhar por si mesmas. Considera-se que a maneira de cortar a raiz principal é descobrir o vazio essencial tanto do sujeito quanto de todos os objetos e desenvolver suprema compaixão. Deve-se notar que, enquanto o Mahayana postula o vazio tanto do sujeito quanto dos objetos e nos diz para trabalhar a favor da compreensão (ou descoberta) de ambos, no Hinayana somente o vazio do ego é postulado e é o que deve ser descoberto.

No Mahayana, a intenção subjacente à ação de alguém é considerada tão importante quanto a própria ação, o que é uma abordagem diferente de governar todas as ações do indivíduo com votos como se faz no Hinayana. Há uma história que ilustra muito bem essa diferença de abordagem. Um rico mercador, que era discípulo de Buda, acompanhava uma grande caravana de mercadores e seus empregados em direção a determinada ilha, para trazer para revenda algumas pedras preciosas que eram famosas naquele local. A bordo da embarcação, no caminho de volta, o mercador soube que outro passageiro no navio tinha intenção de matar todas as centenas de pessoas ali, a fim de roubar o carregamento de joias. O mercador conhecia o homem e sabia que ele era mesmo capaz de matar todas aquelas pessoas, e se perguntava o que poderia fazer a respeito. Enfim, apesar de ter feito ao Buda o voto de não tirar a vida de nenhum outro ser, ele não teve outra alternativa senão matar o aspirante a ladrão. Ele ficou muito envergonhado do que havia feito e, tão logo voltou para casa, procurou o Buda para confessar sua má ação. Mas o Buda lhe disse que ele não havia agido mal, porque sua intenção não era tirar a vida, mas salvar vidas. Além disso, como de fato havia salvado de centenas de pessoas, salvando também o próprio bandido desse carma muito negativo e das inevitáveis consequências dessa má ação, o Buda explicou que o mercador tinha na verdade feito uma boa ação.

Porque a intenção subjacente às ações do indivíduo é considerada tão importante no Mahayana, toda a prática é realizada para o benefício dos outros.

O budismo Zen é um caminho Mahayana e, porque se diz com frequência que é um método não gradual, as pessoas frequentemente pensam que deve ser o mesmo que Dzogchen. Este também é considerado um método não gradual (embora seja mais correto dizer que não é nem gradual nem não gradual). No entanto, os métodos dos dois ensinamentos e as realizações obtidas por eles são fundamentalmente diferentes.[10] Pode-se dizer que os dois níveis do caminho da renúncia (Hinayana e Mahayana) trabalham no nível do corpo.

TANTRA

O Tantra, por sua vez, trabalha no nível da energia ou "voz". A energia é obviamente menos concreta que o corpo e menos fácil de perceber. É mais difícil entender a energia e como ela funciona do que entender

---

10 Para uma abordagem mais completa desse tópico, ver Namkhai Norbu, *Dzogchen and Zen*, Zhang Zhung Editions, Oakland, Califórnia, 1984. A diferença essencial entre Dzogchen e Zen é esta: enquanto o praticante do Zen almeja ter consciência de um estado mental livre de conceitos superestimados, ou um estado de vacuidade (tibetano: *mitogpa*), o praticante de Dzogchen almeja ultrapassar esse estado mental vazio para ter consciência de um estado de presença primordial pura (tibetano: *rigpa*), no qual pode ser completada uma reintegração total da energia que é a função manifesta contínua da vacuidade. A compreensão e o uso da energia que são encontrados no Dzogchen, em práticas como *thödgal* (que usa a manifestação *rolpa* da energia como meio para desenraizar rapidamente o dualismo) e *yanthig*, não são encontrados no Zen.

Ver também *Namkhai Norbu: The Way of Self-Liberation and the Great Perfection*, editado por Elias Capriles (ainda não publicado).

o simples fato do sofrimento. Portanto, é necessária maior capacidade para praticar o Tantra. Embora o termo *tantra* e seu equivalente tibetano *gyü* tenham passado a ser utilizados para designar os principais textos que contêm ensinamentos tântricos, o verdadeiro significado da palavra é "continuidade"[11], no sentido de que apesar dos fenômenos serem vazios, eles continuam a se manifestar. Todos os métodos tântricos trabalham com essa continuidade, assumindo como seu pressu-

---

11 O termo tibetano gyü (rgyud) significa literalmente "fio de lã" e a imagem do fio se destina a representar "continuidade" – a alternância contínua de vacuidade e manifestação que é a Natureza de nossa Base (ver os capítulos seguintes para uma explicação completa de "Base" e "Natureza"). O termo sânscrito, tantra, do qual a palavra tibetana gyü constitui uma tradução, significa literalmente "o padrão intrincado da trama de um tecido". Mas o modo como o termo é entendido se tornou intimamente relacionado a outro termo sânscrito, prabandha, cujo significado literal é "continuidade". A imagem de um fio de lã, como no termo "gyü", é usada em relação à Base para indicar o modo pelo qual nossas experiências são encadeadas na continuidade da Base como contas encadeadas ao longo do fio de um rosário ou mala. Assim como entre as contas de um rosário há espaços vazios nos quais há somente fio, também há espaços entre cada um de nossos pensamentos ou experiências. Mas ainda que haja espaço vazio entre eles, e que sejam em si mesmos vazios – apesar disso, pensamentos e experiências continuam a se manifestar. Se fôssemos explicar esse exemplo em termos dos três aspectos da Base (essência, natureza e energia) do modo como são entendidos no ensinamento Dzogchen, diríamos que o fio representa a natureza – que é a continuidade ininterrupta da manifestação da essência (ou vacuidade), enquanto as contas representam a energia. No exemplo, dentro de cada conta (cada pensamento ou experiência) há somente o fio (a continuidade da potencialidade da vacuidade de se manifestar); e em nossas vidas, embora cada pensamento ou experiência seja essencialmente vazio, pensamentos e experiências nunca cessam. Ao discutir a continuidade, talvez valha a pena acrescentar que a continuidade entre a Base, o Caminho e o Fruto é mais integrada no Dzogchen que nos vários níveis do Tantra. Podemos até mesmo dizer que, essencialmente no Dzogchen, a Base é o estado primordial, o Caminho é o estado primordial e o Fruto é o estado primordial – e que há uma perfeita continuidade entre eles e todos se referem à mesma coisa: a verdadeira condição do indivíduo e do universo.

posto básico a vacuidade de todos os fenômenos, que é o conhecimento almejado pelos sutras.

Do ponto de vista do Sutra, a dimensão relativa é um obstáculo a ser renunciado a fim de se compreender o nível absoluto de vacuidade. Mas o Tantra usa o relativo como combustível para o progresso no caminho que conduz além dele, e sua atitude referente às paixões renunciadas no nível do Sutra é expressa pelo ditado tântrico: "Quanto mais lenha (paixões), mais fogo (realização)."

VAJRAYANA

Existem tantras externos e internos (também chamados de tantras "inferiores" e "superiores" nas outras escolas que não a *Nyingmapa*, ou "escola antiga"). Os dois níveis usam a visualização como um de seus principais meios, mas os tantras externos começam trabalhando o nível da conduta exterior do praticante para promover a purificação do pensamento e da ação e prepará-lo para receber sabedoria. Eles começam pelo que é chamado de "caminho da purificação", o primeiro nível do *Vajrayana*, ou "veículo indestrutível".

OS TANTRAS EXTERNOS

O CAMINHO DA PURIFICAÇÃO

O CAMINHO DA TRANSFORMAÇÃO

O segundo nível do Vajrayana é o caminho da transformação, que começa com o terceiro e último nível dos tantras externos e inclui os dois primeiros níveis dos tantras internos.

OS TANTRAS INTERNOS

Esses tantras internos trabalham mais uma vez sobre o pressuposto básico da vacuidade de todos os fenômenos, mas os primeiros dois níveis usam principalmente a ioga interior, ajustando o sistema de energia sutil do corpo para promover uma transformação de toda a dimensão do praticante na dimensão dos seres realizados visualizados na prática. Esses métodos foram ensinados pelo Buda em um corpo de manifestação em vez de seu corpo físico, e também por outras manifestações do *sambhogakaya*.[12]

A transmissão do tantra foi originalmente recebida através de uma manifestação da dimensão *sambhogakaya* surgida diante de um mestre que tinha suficiente claridade visionária para perceber aquela dimensão, e o método de prática usado no tantra também é o da manifestação. Uma vez que alguém é iniciado na prática pelo mestre, através da visualização e da reintegração da sua energia sutil, ele segue o exemplo da transmissão original e se manifesta como a deidade, entrando na dimensão pura da mandala. Assim, a pessoa descobre o *sambhogakaya* em si mesma, transcendendo o mundo material de elementos grosseiros, que são transformados em suas essências. Quando morre, ela entra na dimensão de luz e cor que é a essência dos elementos, e, nesse estado purificado, embora não ativo no sentido individual, permanece capaz de beneficiar os seres continuamente. Diz-se que o praticante tântrico desenvolvido é como um bebê de águia que está pronto para voar assim que sai do ovo: logo que morre, nesse exato momento, sem entrar no *bardo* ou estado intermediário, ele se manifesta como a divindade cuja prática completou durante a vida. Essa realização é claramente diferente da simples cessação da roda do nascimento e morte que é almejada pelas práticas do Sutra.

Contudo, desenvolver suficiente domínio da energia interna e do poder de concentração para completar esse processo de transformação exige longos anos de retiro solitário, o que é algo muito difícil de ser concluído na vida cotidiana de alguém, embora seja um método mais rápido que os métodos do caminho da renúncia, que leva muitas vidas para ser completado.

---

12 De acordo com uma das versões sobre a origem do *Guhyasamaja tantra*, o próprio Buda Shakyamuni transmitiu ensinamentos tântricos ao rei Indrabodhi de Oddiyana (em tibetano, *rei Ja*). Entretanto, a maioria dos ensinamentos tântricos – incluindo o *Guhyasamaja tantra*, de acordo com alguns relatos – originalmente se manifestaram ao *mahasiddha* do nível *nirmanakaya* através do *sambhogakaya*.

Mas o Dzogchen não é nem Sutra nem Tantra. A base para a comunicação do Dzogchen é a introdução, não a transformação em uma manifestação como no Tantra. As principais práticas do Dzogchen trabalham de forma direta no nível da mente, a fim de permitir ao indivíduo descobrir o estado primordial ao qual ele ou ela foi introduzido(a) diretamente pelo mestre, e continuar nele até alcançar a realização total da grande transferência ou corpo de luz. Deve-se notar que assim como as realizações que são o fruto do Tantra são diferentes daquelas obtidas como resultado da aplicação das práticas dos veículos do Sutra, a grande transferência e o corpo de luz são particulares ao ensinamento Dzogchen, e não correspondem aos resultados das práticas dos veículos do Sutra e do Tantra. Entretanto, não vou discutir esses níveis aqui, mas no Capítulo 8, sobre o Fruto do ensinamento Dzogchen.

Ainda que o ensinamento Dzogchen trabalhe principalmente no nível da mente, práticas de voz e corpo também são encontradas nele, mas são secundárias em relação à prática da contemplação não dual. As práticas corporais usadas para levar o praticante a ingressar nesse estado. Somente essa contemplação pode de verdade ser chamada de Dzogchen, mas um praticante pode usar práticas de quaisquer níveis do Sutra ou Tantra caso se tornem necessárias para remover obstáculos que bloqueiem o estado de contemplação.

O método particular do Dzogchen é chamado de "caminho da autoliberação" e, para aplicá-lo, não é preciso renunciar, purificar ou transformar coisa alguma. O que quer que surja como visão cármica do indivíduo é usado como caminho. Certa vez, o grande mestre Pha Tampa Sangye disse:

"Não são as circunstâncias que surgem como visão cármica de alguém que limitam a pessoa dentro do estado dualístico; é o próprio apego da pessoa que permite àquilo que surge limitá-la."

Se esse apego deve ser eliminado da maneira mais rápida e efetiva, a capacidade para autoliberação inerente ao estado primordial deve ser posta em ação. Entretanto, o termo "autoliberação" não deve ser tomado como se implicasse haver um "eu" ou "ego" ali para ser liberado. Como já dissemos antes, é um pressuposto fundamental no nível do Dzogchen que todos os fenômenos são destituídos de natureza própria e se entende que nenhum fenômeno tem existência inerente. Autoliberação, no sentido do Dzogchen, significa que se permite ao que quer que se manifeste no campo de experiência do praticante surgir assim como é, sem ser julgado como bom ou mau, lindo ou feio. E no mesmo instante, se não há fixação ou apego, sem esforço ou mesmo volição, seja o que for que surja, quer como um pensamento quer como um conceito a respeito de um evento aparentemente externo, de forma automática isso se libera por si mesmo e a partir de si mesmo. Praticando dessa maneira, as sementes da árvore venenosa da visão dualística nunca terão sequer a chance de brotar, menos ainda de se enraizar e crescer.

Assim, o praticante vive a sua vida de maneira comum, sem precisar de quaisquer outras regras que não sua própria consciência, sempre permanecendo no estado primordial através da integração desse estado com o que quer que surja como parte da experiência — com absolutamente nada visível no exterior para mostrar que se está praticando. É isso o que se entende por "autoliberação", é isso o que se quer dizer com o nome *Dzogchen* – que significa "grande perfeição" – e é isso o que se quer dizer com "contemplação não dual" ou simplesmente "contemplação".

Embora no decorrer de minha educação na faculdade monástica no Tibete eu tivesse estudado e praticado todos os vários caminhos do budismo tibetano, meu mestre Changchub Dorje me ajudou a entender o valor particular do ensinamento Dzogchen e é isso que eu estou interessado em ensinar.

O resumo dos vários caminhos do Sutra, Tantra e Dzogchen apresentados no Apêndice 1 foi incluído como um apoio para deixar clara e visível boa parte da terminologia que é usada em geral na discussão dos ensinamentos. Mas, apesar da utilidade desse tipo de apresentação, há o risco de que alguns leitores possam pressupor equivocadamente que ela implica uma hierarquia de ensinamentos com o Dzogchen no topo. De fato, todo o esquema poderia ter sido invertido, com o Dzogchen na base, ou o quadro poderia ser lido de baixo para cima, que é a sequência na qual os caminhos graduais são apresentados e praticados, cada estágio devendo ser completado antes que o próximo possa ser abordado. O Dzogchen difere dos caminhos graduais porque o mestre introduz diretamente o discípulo à grande perfeição, que é o coração de todos os caminhos. Mas a razão pela qual tantos caminhos existem é que, desse modo, há um ensinamento adequado à capacidade de cada um. Por exemplo, para alguém a quem o ensinamento do Sutra é mais apropriado, pode-se dizer que ele é o "mais elevado", porque é o ensinamento que vai funcionar melhor para esse indivíduo. O uso de palavras como "elevado" ou "mais elevado" em relação ao ensinamento Dzogchen deve ser lido com essa importante ressalva em mente.

Padmasambhava, o grande mestre dos séculos VIII e IX d.C., foi o principal responsável por possibilitar que os ensinamentos budistas se estabelecessem no Tibete, onde obstáculos haviam sido criados de antemão por praticantes xamânicos das tradições nativas do Bön.

Padmasambhava (artista desconhecido).

Guru Drăgbo

Guru Tragpo é um heruka e uma das principais formas iradas nas quais Padmasambha-va se manifestou para realizar atos de poder (desenho de Nigel Wellings).

Padmasambhava era um ser totalmente realizado que manifestou um nascimento extraordinário em Ogyen, onde recebeu a transmissão visionária dzogchen diretamente de Garab Dorje, assim como a transmissão linear, ou *kama*, dos sucessores espirituais de Garab Dorje que eram seus contemporâneos. Depois, viajou até a Índia, onde absorveu e dominou todos os ensinamentos tântricos que lá eram ensinados na época. Ele desenvolveu a capacidade de se transformar em qualquer forma que escolhesse, além de todos os outros *siddhis*, ou poderes que podem surgir quando a condição dualista é aniquilada. Quando foi convidado a viajar ao Tibete para promover a propagação dos ensinamentos budistas por lá, conseguiu superar os obstáculos que encontrou na forma de energias negativas, fazendo uso de seus poderes superiores.

Sacerdotes xamânicos do Bön tinham a capacidade de dirigir as várias energias dominantes do Tibete. Eles tinham usado seu poder para dificultar que os ensinamentos budistas se enraizassem por lá. Padmasambhava se manifestou em várias formas para dominar as energias locais preponderantes e fazê-las proteger os ensinamentos budistas, dos quais elas então se tornaram guardiões.

Contudo, uma vez que ele estava além de todas as limitações, não considerou necessário rejeitar o que havia de valor nas tradições locais tibetanas. Em vez disso, criou as condições para que o budismo pudesse se integrar com a cultura local, com seus sofisticados sistemas de cosmologia, astrologia, ritual e medicina, da mesma maneira como Buda Shakyamuni havia ensinado dentro do contexto da cultura indiana de sua época, usando-a como base para comunicar algo essencialmente além da cultura. Desse modo, através da influência e atividade de Padmasambhava, aconteceu ali a grande confluência de tradições espirituais de Ogyen, da Índia e de fontes locais de Bönpo, que é a forma tibetana característica de budismo que hoje conhecemos. Os discípulos originais de Padmasambhava no Tibete não se

Siṃhamukha

A dakini Simhamukha é uma forma irada da dakini Sangwa Yeshe ou Guhyajnana
(desenho de Nigel Wellings).

considravam uma escola ou facção. Eram simplesmente praticantes de budismo tântrico e Dzogchen. Mas depois, quando lá chegaram diferentes tradições de prática, seguindo outras linhas de transmissão de mestres tântricos indianos e essas se desenvolveram em escolas, os seguidores originais de Padmasambhava se tornaram conhecidos como os *nyingmapa*, os "antigos" ou "escola antiga". No entanto, deve--se ter o cuidado de evitar o erro de pensar que o ensinamento Dzogchen em si mesmo seja uma escola ou facção, ou que pertença a qualquer escola ou facção. O que se quer dizer com *Dzogchen* é sempre o estado primordial ou a prática que nos capacita a descobrir e permanecer nesse estado. Embora a linhagem de transmissão desse estado de mestre para discípulo ainda exista, membros dela – todos igualmente praticantes dzogchen – podiam (e ainda podem) ser encontrados em todas as escolas do budismo tibetano, ou entre praticantes do Bön ou não pertencentes a nenhuma escola ou seita.

Alguns exemplos podem ajudar a esclarecer isso. Meu mestre Changchub Dorje era independente de escolas e além de limitações. Assim como tinha recebido a transmissão de seu mestre principal Nyagla Padma Duddul, ele recebeu alguns ensinamentos dzogchen e transmissões de um mestre dzogchen bönpo. Na tradição Bön existia um ensinamento Dzogchen desde o alvorecer da história tibetana, embora essa tradição não fosse tão completamente desenvolvida quanto aquela introduzida por Garab Dorje. Os *nyingmapa*, ou "antigos", formam a mais velha das quatro escolas do budismo tibetano, tendo absorvido muito cedo o ensinamento Dzogchen, que continuam a transmitir ainda hoje. O Dzogchen se tornou identificado com os *nyingmapa* de forma tão completa que, por engano, muitos presumem que ele pertence apenas àquela escola. Muitos grandes praticantes dzogchen de fato se manifestaram através da história dos *nyingmapa*, tais como, em tempos relativamente recentes, Longchen Rabjampa (1303–1363) e Jigme Lingpa (1729–1798), que estavam entre os maiores eruditos,

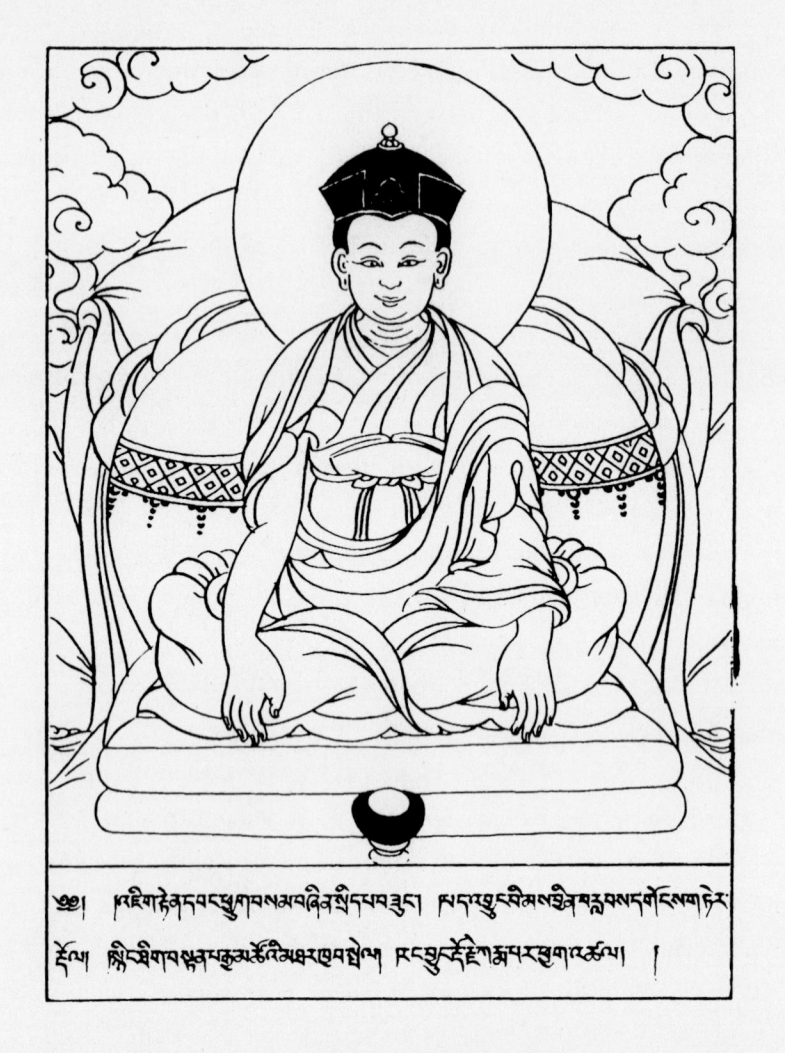

Xilogravura tibetana do terceiro Karmapa, Rangjung Dorje (1284–1339), líder da escola Karma Kagyüd, que integrou as tradições Mahamudra e Atiyoga. (artista desconhecido)

historiadores e professores espirituais do Tibete. Mas outro grande praticante dzogchen foi líder da escola Karma Kagyüd. Era Rangjung Dorje (1284–1339), o terceiro Karmapa, que integrou os ensinamentos sobre *mahamudra*[13] transmitidos em sua escola com a tradição Atiyoga do Dzogchen, transmitida pelos nyingmapa. A transmissão dos ensinamentos assim integrada continua até os dias de hoje na escola Kagyüd.

A escola Sakyapa se desenvolveu no mesmo período que a Kagyüd, seguindo outras linhas de transmissão recebidas da tradição *mahasiddha* indiana. O grande *tertön* Jamyang Khyentse Wangpo e meu tio Khyentse Chökyi Wangchug, que era abade dessa escola, foram exemplos formidáveis de praticantes dzogchen entre os *sakyapa*.

Gelugpa, a escola fundada mais recentemente, se desenvolveu como um movimento de reforma. Enxergava a si mesma como uma resposta ao que eram considerados excessos do tantrismo, para reenfatizar a importância dos ensinamentos do Sutra e da aplicação estrita do Vinaya, ou regras monásticas de conduta formuladas pelo Buda. Portanto, supõe-se com frequência que o Dzogchen deve estar muito longe do ideal gelugpa. Todavia, tem havido mestres dzogchen nessa escola, incluindo Lobsang Gyatso, o grande quinto Dalai Lama (1617–1682). Ele foi o primeiro Dalai Lama a exercer a posição de gover-

---

13 Muitos tradutores ocidentais equivocadamente traduzem *Mahamudra* por "Grande Selo". Esse erro é o resultado da tradução errada da palavra tibetana composta *Chaggya Chenpo* (*phyag-rgya chen-po*), tradução do termo sânscrito *Mahamudra*. Os tradutores em questão acreditavam que o *gya* em *phyag-rgya* era o mesmo *gya* que aparecia três vezes na frase "*samaya gya gya gya*", impressa no fim de muitos ensinamentos do tipo *terma* (*gterma*) da tradição Nyingmapa, a fim de advertir o leitor que o ensinamento é muito secreto e ele ou ela não deve sair por aí falando sobre ele. Nesse sentido, *gya* significa "selado". Entretanto, não é esse o sentido do termo no composto *phyag-rgya chen-po*. Na prática do Tantra, tudo começa e termina com símbolos. A manifestação das divindades é em si mesma um símbolo em vez da presença de um ser particular, e a realização do Mahamudra significa que o indivíduo se integrou totalmente com esse símbolo, e há somente um símbolo em questão – um símbolo total: Mahamudra.

Xilogravura tibetana do grande quinto Dalai Lama (1617–1682), o primeiro líder da escola Gelugpa a ser governante secular do Tibete. Era um grande praticante dzogchen. (Artista desconhecido)

nante temporal do Tibete, assim como o papel espiritual de seus antecessores. Foi ele quem começou a construção do palácio Potala em sua forma atual. Era um grande praticante dzogchen. Assim, em geral, devemos lembrar que mestres que tinham vínculo principal com uma escola específica, enquanto mantinham esse compromisso, também recebiam livremente a transmissão de outras tradições, e esse fato causou a grande interfertilização na cultura e vida espiritual tibetanas.

5

COM MEUS DOIS TIOS QUE ERAM MESTRES DZOGCHEN

Primeiro elimine toda a confusão sobre o que é ensinado. Então pondere o significado daquilo que foi aprendido e, finalmente, medite em seu significado de acordo com as instruções.

Milarepa

No Tibete, os mestres podiam ser encontrados em muitas situações diferentes, mas, em geral, tinham quatro estilos de vida principais: os que eram monges, vivendo em monastérios; os que levavam uma vida de leigos, com suas casas nas aldeias; mestres que viviam como nômades, residentes em tendas, viajando com seus discípulos, em alguns casos acompanhando seus rebanhos; e aqueles que eram iogues e geralmente moravam em cavernas.[14]

---

14 Para mais informações a respeito do estilo de vida dos nômades tibetanos, ver Namkhai Norbu, *A Journey into the Culture of Tibetan Nomads*, Shang-Shung Editions, Merigar, Itália, 1983. Assim como os iogues viviam em cavernas, também havia nômades iogues chamados *chadral* (*'bya-'gral*), que se moviam constantemente de um lugar para outro; eles não podiam carregar consigo mais do que alguns quilos de bagagem e não podiam ficar em nenhum lugar por mais que poucos dias.

Recebi pessoalmente transmissões não apenas de meu mestre principal, mas também de muitos outros, incluindo meus dois tios. Meu tio Togden era um grande iogue, um praticante dzogchen. Como Changchub Dorje, ele não teve uma educação intelectual que envolvesse estudo e não era vinculado a nenhuma escola. No caso de Togden, isso se deu porque seus pais haviam decidido, quando ele era bem novo, que ele seria um ourives de prata e, assim, toda a sua educação almejava prepará-lo para o trabalho como artesão. Mas, em dado momento, ele teve uma perturbação mental muito séria e nenhum médico conseguia curá-lo. Por fim, foi levado para ver um mestre dzogchen da época, Adzam Drugpa (ver Figura 1) e, em virtude do contato com esse mestre, ele não apenas se recuperou da doença, como se tornou um praticante sério, um iogue que passou toda a vida em retiros solitários, em cavernas isoladas nas altas montanhas, onde jaguares e leopardos perambulavam.

A PRÁTICA DE CHÖD Quando criança, eu podia ficar algumas vezes com meu tio. Lembro que os leopardos gostavam em especial de manteiga e, à noite, rastejando sorrateiramente, tentavam entrar na caverna onde Togden armazenava sua comida para devorá-la com voracidade. Aprendi pela primeira vez *yantra* ioga naquelas cavernas altas, quando era um menino bem pequeno, apenas copiando os movimentos de Togden. A primeira vez em que estive mais tempo com ele, tinha três anos de idade e posso lembrar de meu tio praticando *yantra* por horas, completamente nu, enquanto eu me divertia, como uma criança daquela idade faria, às vezes estapeando ou chutando de brincadeira suas costas nuas como parte de minhas travessuras, enquanto ele continuava imperturbável sua prática. Quando fiquei um pouco mais velho, aprendi o significado daquilo que ele fazia.

Togden usava cabelo comprido e tinha barba grande e cerrada, por isso, quando mais tarde vi fotografias de Karl Marx, pensei que guardava uma semelhança notável com meu tio, exceto pelos óculos. Ele era um exemplo do tipo de praticante que se tornou reconhecido como mestre devido às qualidades que ele ou ela manifestou como resultado da prática, em vez de ser identificado como a reencarnação de um mestre anterior. Quando foi enviado pela primeira vez a Adzam Drugpa, estava tão perturbado que mal conseguia compreender uma fração dos ensinamentos que eram dados no retiro anual de verão do mestre, que sempre acontecia nas pastagens dos altos planaltos. Esse retiro costumava acontecer cercado por uma aldeia de tendas, como um acampamento nômade, que surgiria durante o retiro e depois desapareceria. Naquele verão, quando o retiro terminou, Togden tinha, com a ajuda de Adzam Drugpa, conseguido superar seu problema o suficiente para estar apto a praticar um pouco.

Xilogravura tibetana de um praticante de chöd, praticando em um terreno sepulcral, tocando o damaru e a corneta de fêmur. O vajra e o sino estão no solo à sua frente, junto com a tigela de oferendas feita de crânio humano. Os esqueletos à direita que dançam sorridentes expressam a visão dinâmica da morte e da mudança, vistas como uma dança extática de transformação, essência interior imutável que transcende as constantes mutações das aparências. A meditação sobre a impermanência de todos os fenômenos deve conduzir à contente liberdade do apego e não a um pessimismo mórbido. (Artista desconhecido)

O mestre sugeriu que ele fizesse um retiro solitário, mas, como não havia conseguido acompanhar os ensinamentos, meu tio não sabia o que fazer nesse tipo de retiro. Foi assim que Adzam Drugpa superou essa dificuldade: enviou meu tio para uma caverna a quatro dias de viagem dali e mandou outro discípulo para lhe mostrar o caminho. Esse outro discípulo seguia Adzam Drugpa há muitos anos e era um praticante sério. Era um homem simples, não um intelectual, e pessoalmente se concentrava muitíssimo na prática de *chöd*. Nesta prática se trabalha para superar a fixação e o apego ao ego fazendo uma oferenda de seu próprio corpo físico, visualizada mentalmente. A prática foi desenvolvida por uma grande praticante, Machig Labdrön (1055–1149)[15], que vinha de uma família bönpo. Ela

---

15 Ver Jerome Edou, *Machig Labdrön and the Foundations of Chöd*, Snow Lion Publications, Ithaca, Nova York, 1996; e Tsultrim Allione, *Women of Wisdom*, Routledge & Kegan Paul, Londres, 1984.

combinou elementos das tradições bönpo com os ensinamentos do sutra *Prajnaparamita*, dos tantras e da tradição dzogchen, recebidos de seus dois mestres raiz, Pha Tamba Sangye e Tragpa Ngönshe — nessa ordem — para produzir uma forma de prática característica tibetana que em si mesma é um caminho completo, mas também é praticada com outros métodos.

Praticantes de *chöd* são nômades por tradição, viajando sem parar de um lugar para outro como mendicantes, em posse de um mínimo de pertences. Frequentemente, não carregavam nada além dos instrumentos rituais: um *damaru* (ou tambor de dois lados), um sino e uma corneta de fêmur; e viviam em uma pequena tenda montada com um tridente (*katvanga*) como poste e quatro adagas rituais (*purba*) como suas estacas. A prática é executada principalmente em lugares solitários e desertos, como cavernas e picos de montanhas, mas em especial nos cemitérios e terrenos sepulcrais, à noite, quando a energia aterrorizante desses locais serve para intensificar a sensação do praticante que, sentado sozinho no escuro, invoca todos aqueles com quem tem um débito cármico a virem receber o pagamento na forma da oferenda de seu corpo. Entre os convidados estão os budas e seres iluminados, para quem o praticante transforma mentalmente a oferenda em néctar, e todos os seres dos seis estados da existência cíclica condicionada (*samsara*), para quem a oferenda é multiplicada e transformada no que for mais benéfico e agradável. O praticante também convoca os demônios e maus espíritos a quem o próprio corpo é oferecido como um banquete, assim como é.

"Demônios" internos são todos os medos normalmente latentes, como os medos da doença ou da morte, que só podem ser superados quando trazidos ao primeiro plano da consciência. Também existem demônios no sentido de energias negativas, que com a prática o praticante se torna capaz de magnetizar e por fim dominar. Temos um instinto de autoproteção, tentando nos defender de uma ameaça ima-

Machig Labdron (1055–1149), quem primeiro transmitiu o jod (chöd) da maneira como praticado hoje em dia. Ela está portando um sino e um damaru. (Desenho de Nigel Wellings)

ginária. Mas nossa tentativa de autoproteção no fim nos causa mais sofrimento, porque nos aprisiona dentro da estreita visão dualista de si e do outro. Ao invocar o que mais tememos e oferecer abertamente o que mais queremos proteger, o *chöd* trabalha para nos excluir do duplo aprisionamento do ego e do apego ao corpo. De fato, o nome *chöd* significa "cortar", mas é o apego, não o corpo em si, o problema a ser cortado. O corpo humano é considerado um veículo precioso para alcançar a realização.

O praticante de *chöd* que acompanhava meu tio Togden até a caverna onde ele deveria fazer seu retiro solitário o conduziu por uma rota extremamente sinuosa, que passava por tantos lugares solitários favoráveis à prática que, em vez dos quatro dias usuais, eles levaram mais de um mês para chegar ao destino. Pelo caminho, a cada dia, no curso da fala cotidiana deles, ele comunicava ao meu tio instruções diretas sobre todos os aspectos da prática, não apenas de *chöd*, de modo que, quando enfim ficou sozinho, Togden sabia exatamente o que devia fazer. Meu tio ficou vários anos em retiro e, quando afinal saiu, já havia desenvolvido os poderes admiráveis que levariam o povo a lhe dar o nome ou título de *Togden*, que significa "iogue perfeito", pelo qual eu sempre me refiro a ele, embora seu nome de nascimento seja Ogyen Tendzin.

Depois continuou a fazer retiros frequentes, entre os quais viajava de um lugar para outro. Suas perambulações chamaram a atenção das autoridades chinesas que naquele tempo estavam fazendo incursões no leste do Tibete. Essas autoridades o prenderam e o instaram a se explicar. Por causa da sua maneira de ser, meu tio não foi capaz de dar uma resposta satisfatória e os chineses concluíram que ele devia ser um espião. Sua execução foi ordenada, mas apesar das várias tentativas de baleá-lo, não foi possível matá-lo. Quando foi solto, as pessoas da região começaram a chamá-lo de *Togden*. Ele também era capaz de se comunicar tão bem com animais que até o tímido e selvagem cervo da montanha, que em geral foge de todos, vinha a ele livremente e o acompanhava aonde fosse. Criaturas menos dóceis também desfrutavam de sua companhia. Em uma ocasião, quando o próprio rei de Derghe veio visitar Togden, seu ministro subiu até a caverna para anunciar a chegada do rei e encontrou um enorme leão da montanha sentado tranquilo ao lado do iogue. Se quisesse ser recebido, o rei não tinha escolha senão compartilhar da companhia da mais real das feras. Um tanto trêmulo, foi o que ele fez.

Vivendo da maneira como vivia, distante de centros habitados, dificuldades consideráveis aguardavam todos aqueles que aos poucos ouviam sobre a reputação de Togden como praticante e vinham procurá-lo para receber ensinamentos. O mesmo também é verdade quanto a meu outro tio, Khyentse Chökyi Wangchug, embora as circunstâncias de seus primeiros anos sejam bem diferentes das de Togden. Ele havia sido reconhecido em tenra idade como um *trulku*, sendo entronado como a reencarnação do abade de quatro monastérios importantes. Nessa posição, esperava-se que ele se ajustasse a certo padrão de vida, envolvendo deveres administrativos e até mesmo políticos, além de obrigações rituais e acadêmicas. Entretanto, apesar de considerável oposição, ele preferiu passar a vida em retiro, dedicando-se à prática. Quando em retiro, ele também vivia isolado, em uma caverna acima do nível da neve, onde havia neve em qualquer época do ano. Mas tamanha era sua reputação como praticante e, em particular, como *tertön*, ou descobridor de textos e objetos escondidos no passado para serem revelados mais tarde que ele costumava ser procurado por pessoas certas a receber ensinamentos.

Coisas estranhas com frequência aconteciam ao redor de Khyentse Chökyi Wangchug, relacionadas à capacidade dele como *tertön*. Em uma ocasião, quando eu ainda era muito jovem, fui instalado em uma caverna próxima, mas um pouco abaixo da caverna do meu tio. Certa noite, enquanto estava lá, tive um sonho no qual uma *dakini* aparecia para mim e me dava um pequeno pergaminho de papel no qual estava escrito um texto sagrado. Ela explicou que o texto era muito importante e que, ao acordar, eu deveria entregá-lo ao meu tio. Nessa época, minha prática já estava desenvolvida a ponto de poder manter a consciência durante todo o tempo de sono e sonhos, e nesse sonho eu sabia que estava sonhando. Lembro de fechar um dos punhos ao redor do pergaminho e depois fechar com força o outro punho ao redor do primeiro.

O resto da noite se passou tranquilamente e quando acordei, ao amanhecer, descobri que meus punhos ainda estavam cerrados com força um sobre o outro. Ao abrir as mãos, vi que havia mesmo um pequeno pergaminho. Muito entusiasmado, fui direto bater na porta da caverna do meu tio. Em geral não era permitido perturbá-lo tão cedo, pois ele costumava estar ocupado em sua sessão matinal de prática, mas eu estava excitado demais para esperar. Ele veio até a porta, e eu expliquei o que havia acontecido e lhe mostrei o pergaminho. Muito calmo, ele o olhou por um momento e disse:

— Obrigado, eu estava esperando por isso — e voltou à sua prática como se nada de extraordinário tivesse acontecido.

Outra vez, ele pediu minha opinião sobre uma visão que tivera de onde um *terma* (objeto ou texto escondido) poderia ser encontrado. Sempre com muita gentileza, ele demonstrava grande respeito por minhas opiniões, apesar de eu ainda ser bastante jovem. Ele não tinha certeza se avisaria o público sobre o *terma* ou se iria encontrá-lo sem alarde. Eu senti que poderia ser benéfico para muitos seres, para confirmar e desenvolver sua fé, se muitas pessoas ficassem sabendo e estivessem presentes quando fosse encontrado. Meu tio concordou e o anúncio foi feito, declarando que o *terma* estava localizado em determinada área e que nós iríamos encontrá-lo em certa data. Quando o dia marcado chegou, saímos e fomos logo acompanhados por uma multidão. O lugar que meu tio havia indicado era bem alto na encosta de uma montanha, e como ele era de fato muito obeso, teve de ser carregado por quatro homens para chegar lá em cima. Por fim, ele disse que havíamos chegado perto o bastante e apontou para a face de uma rocha lisa e inclinada, um pouco acima de nós. Falou que o *terma* estava lá dentro da rocha. Então pediu uma pequena picareta de gelo, do tipo usado pelos alpinistas, e quando lhe entregaram, ficou alguns minutos em silêncio com ela nas mãos, antes de jogá-la com toda força para cima, em direção à face da rocha. A picareta se alojou com firmeza no que parecia rocha sólida e permaneceu lá. Meu tio disse que era lá que o *terma* estaria. Enquanto todos assistiam, um grupo de homens mais jovens fez uma escada com um tronco de árvore e a colocou onde seria usada. Em seguida, um deles subiu com cuidado e removeu a picareta. Para surpresa de todos, algumas pedras vieram junto como o que parecia rocha sólida. Meu tio disse para o jovem procurar gentilmente com a picareta na abertura revelada. Estava cheia de areia seca. Meu tio falou para retirá-la e ele assim o fez, bem devagar. Parou ofegante, pendurado no alto, na escada em cima de nós. Contou que podia ver um objeto branco, luminoso, redondo e liso. Meu tio lhe disse para não tocá-lo. Um cobertor foi estendido embaixo, mantido bem esticado por muitas pessoas, e o rapaz em cima da escada, usando a picareta, derrubou o objeto no cobertor. Meu tio então o recolheu com uma echarpe de seda e, quando o segurou, todos vimos a misteriosa esfera branca luminosa, feita de um material desconhecido por nós e com o tamanho aproximado de uma grande toranja.

Quando voltamos pra casa, meu tio guardou o objeto em um recipiente especial de madeira que foi trancado e lacrado com um selo de cera. Disse que ele se revelaria mais tarde. Mas depois de muitos meses, quando abrimos o recipiente ainda selado, o objeto havia desaparecido misteriosamente. Meu tio não parecia surpreso, mas explicou que as *dakinis* o haviam levado de volta, pois o tempo ainda não era propício para a sua descoberta e revelação.

Como eu já havia mencionado, coisas estranhas aconteciam com frequência ao redor de meu tio e, em parte por causa delas, muitas pessoas buscavam seus ensinamentos. Era uma longa subida da floresta lá embaixo até a sua caverna, mas mesmo assim, às vezes vinte ou trinta pessoas faziam o tremendo esforço de subir para vê-lo. Nessa época, a caverna era muito pequena, e todas aquelas 20 ou 30 pessoas tinham que se apertar lá dentro e sentar juntas bem espremidas para ouvi-lo ensinar. Khyentse Chökyi Wangchu não tinha intenção de criar dificuldades para as pessoas, simplesmente eram essas as condições em que ele mesmo vivia. No fim do dia, todos os que tinham vindo para os ensinamentos precisavam descer a ladeira da encosta da montanha – e não tínhamos lanternas no Tibete. Quando chegavam lá embaixo, costumavam passar a noite na floresta, dormindo ao relento. Não havia hotéis por lá. Na manhã seguinte, subiam o percurso inteiro de novo para receber mais ensinamentos.

Essa dificuldade não é nada comparada ao esforço que Milarepa fez para aprender de seu mestre Marpa[16]. Milarepa precisou construir e demolir cinco torres antes de receber qualquer ensinamento. Para entender por que essas pessoas estavam preparadas para suportar tanta dificuldade, precisamos nos lembrar o quanto nossas vidas são frágeis. A morte pode vir a qualquer hora para qualquer um de nós. Ao reconhecer como continuamos a sofrer uma vida após a outra sem entender por que estamos sofrendo ou como podemos dar fim ao sofrimento, o enorme valor de um mestre e dos seus ensinamentos rapidamente se torna claro.

Não é raro que as pessoas façam grandes esforços e sacrifícios para receber ensinamentos. Mas há uma tendência a querer as coisas com

---

16 Para uma descrição detalhada do relacionamento entre Milarepa (1040–1123) e seu mestre Marpa (falecido em 1098), ver *The Life of the Translator*, tradução do Nalanda Committee e Chögyam Trungpa, Prajna Press, Boulder, 1982; *Tibet's Great Yogi Milarepa*, tradução de Kazi Dawa Sangdup, edição de W.Y. Evans-Wentz, Oxford University Press, Londres, 1928, republicado em 1969; e *The Hundred Thousand Songs of Milarepa*, tradução de Garma C.C. Chang, Shambala, Boulder, 1977.

facilidade que é particularmente comum nos dias de hoje. Neste livro pode parecer que as explicações sobre a Base, o Caminho e o Fruto, conforme compreendidas no ensinamento Dzogchen, são complexas e que é necessário muito esforço para compreendê-las. Mas o esforço exigido não pode ser comparado àquele necessário para buscar mestres como Togden, Khyentse Chökyi ou Marpa. Não importa o quanto uma explicação seja clara, nada pode ser comunicado sem a ativa participação do ouvinte. Caso se tente com sinceridade explicar a natureza do universo e do indivíduo, não se pode esperar que seja algo tão fácil de ler quanto uma boa história; ainda assim, também não precisa ser tão complicado! Há um padrão clássico de exposição do ensinamento que utiliza a estrutura de conceitos inter-relacionados em grupos de três, e esse é o padrão seguido pela explicação abaixo. A estrutura desse padrão pode ser mostrada simplesmente na forma de um diagrama:

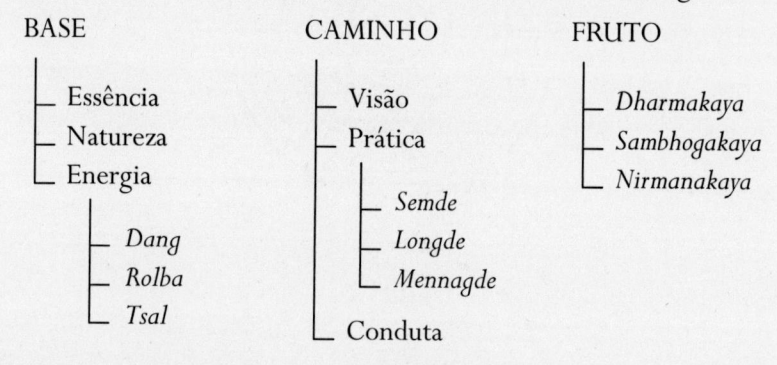

A Base, o Caminho e o Fruto

O ensinamento Dzogchen é também conhecido por outro nome em tibetano, *Thigle Chenpo*, ou "grande *thigle*". Um *thigle* é uma forma de gota esférica, sem nenhuma linha divisória ou ângulo, como a representação abaixo do espelho circular, ou *melong*, feito de cinco metais preciosos – que é um símbolo particular do ensinamento Dzogchen e da unidade do estado primordial. Assim, embora os ensinamentos sejam divididos em grupos de três, para que seja possível apresentar uma explicação clara, sua unidade fundamental, como a esfera perfeita do *thigle*, não deve ser esquecida. Mas os grupos de três são diferenciados dentro dessa unidade fundamental, cada um interconectado a todos os outros, como representado no desenho logo abaixo, com divisões triangulares, círculos concêntricos e o *gankyil*, ou "roda de alegria", girando ao centro. Ao redor da extremidade desse desenho, do verso de um *melong*, as sílabas "A 'A HA SHA SA MA", que fecham os portões dos seis reinos, estão escritas na grafia antiga de Zhangzhung.

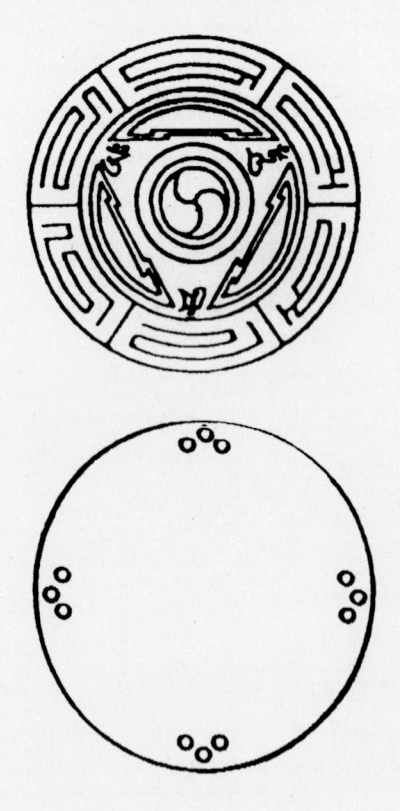

Melong: frente e verso

Figura 1. Garab Dorje, o primeiro mestre dzogchen neste planeta, neste ciclo temporal, e abaixo dele Adzam Drugpa, um dos grandes mestres tibetanos do final do século XIX e início do século XX.

(Thanka de Nigel Wellings; coleção de Bill Palmer; fotografia: Susan Bagley)

Figura 2. Thanka mostrando Padmasambhava, o mestre dos séculos VIII e IX d.C., como um Mahapandita, com suas duas principais discípulas, Yeshe Tsogyal e Mandarava. Padmasambhava encontra-se rodeado por cenas que descrevem mestres envolvidos na propagação inicial do darma budista no Tibete. Essa thanka provavelmente pertencia a uma série de thankas ilustrando a sua vida. Detalhes ampliados, com explicações, aparecem nas páginas seguintes. (Thanka de artista desconhecido; coleção de John Shane; fotografia Susan Bagley.)

Figura 3. Detalhe da thanka na página anterior mostra Padmasambhava com suas duas principais consortes. Ele segura com a mão direita um dorje (tibetano), ou vajra (sânscrito), e com a mão esquerda uma tigela de oferendas feita a partir de um crânio. Yeshe Tsogyal, à direita, segura o grande tridente ritual, ou katvanga (sânscrito), do mestre. (Fotografia: Susan Bagley.)

Figura 4. Esse detalhe da thanka mostra Nubchen Sangye Yeshe, que era discípulo de Padmasambhava, e Yeshe Tsogyal. Ele obteve a realização da prática de Yamantaka, um dos oito herukas, ou desheg kagyed, cujas práticas Padmasambhava transmitiu a seus discípulos principais. Yamantaka é mostrado surgindo sobre as nuvens acima de Nubchen Sangye Yeshe, assim como, em outros detalhes da thanka, outros herukas são mostrados acima de mestres mais associados às suas práticas. Como sinal de sua realização, Nubchen Sangye Yeshe era capaz de perfurar uma rocha sólida com sua purba, ou adaga ritual, mostrada na sua mão direita. (Fotografia: Susan Bagley.)

Figura 5. Esse detalhe da thanka na Figura 2 mostra Yeshe Tsogyal, uma das mais importantes discípulas e consortes tântricas de Padmasambhava, entregando dois termas, ou tesouros escondidos (um deles é um relicário, o outro um texto) para as três dakinis ajoelhadas respeitosamente à sua frente. Duas das dakinis vestem xales mágicos de pele humana. Um ser da classe dos nagas surge de seu domínio aquoso para receber os tesouros sob sua custódia (abaixo, à direita). Dois termas já escondidos podem ser vistos nas rochas acima de Yeshe Tsogyal. (Fotografia: Susan Bagley.)

Figura 6. Detalhe da thanka da vida de Padmasambhava mostrando sua grande discípula indiana e consorte Mandarava, que se manifesta em corpo humano como uma dakini dançando. (Fotografia: Susan Bagley.)

Figura 7. Esse detalhe da thanka mostra uma das principais discípulas de Padmasam-
bhava, provavelmente Kalasiddhi, manifestando-se de forma semelhante a Tara Branca,
para dar ensinamentos aos discípulos reunidos ao seu redor. Um discípulo carrega uma
pilha de textos encadernados em seda. Acima de Kalasiddhi, manifesta-se um dos oito
herukas, ou desheg kagyed. (Fotografia: Susan Bagley.)

Figura 8. Esse detalhe da thanka mostra Vairochana (no topo, à esquerda), o grande tradutor contemporâneo de Padmasambhava, acima de quem aparece o heruka Tobden Nagpo em união com sua consorte. Abaixo e à direita, Yudra Nyingpo, principal discípulo de Vairochana, está sentado em meditação, rodeado por raios de luz iridescente e um thigle luminoso, manifestações de sua energia realizada. Samantabhadra em união com sua consorte aparece no thigle mais ao alto, símbolo do dharmakaya. À esquerda de Yudra Nyingpo está a figura de Pang Mipham Gönpo, um discípulo famoso de Yudra Nyingpo e Vairochana, que começou a praticar o Longde aos 85 anos e muitos anos depois alcançou o corpo de arco-íris. (Fotografia: Susan Bagley.)

Figura 9. Detalhe da thanka mostrando um dos discípulos de Vairochana, Palgi Yeshe, que também foi o principal discípulo de Jñanakumara, o colega tradutor de Vairochana. Palgi Yeshe conseguiu controlar a classe de guardiões Mamo e aqui é mostrado se apresentando com eles. Acima, outro dos oito herukas se manifesta em união com sua consorte. (Fotografia: Susan Bagley.)

Figura 10. Detalhe da thanka da vida de Padmasambhava e a propagação inicial do darma budista no Tibete. Mostra o grande mestre que segura um vajra e oferece uma taça de crânio contendo néctar a um heruka que se manifesta para ele envolto em chamas. (Fotografia: Susan Bagley.)

Figura 11. O grande quinto Dalai Lama (1617–1682) está representado nessa thanka. Ele foi o primeiro a deter o poder temporal sobre todo o Tibete e autoridade espiritual como líder da escola Gelugpa. Era um grande praticante dzogchen, externamente manifestando conduta perfeita consoante suas inúmeras responsabilidades. Começou a construção do grande palácio Potala, nos arredores de Lhasa. Abaixo e atrás dele, em uma ilha no centro de um lago, começou a construir um pequeno templo secreto para uso pessoal, chamado Zongdag Lukang, cujas paredes interiores eram cobertas com murais. (Thanka de artista tibetano desconhecido; Fotografia: Brian Beresford.)

Figuras 12 e 13. Dois detalhes de murais do templo secreto do quinto Dalai Lama, Zongdag Lukang, mostrando iogues praticando yantra ioga. (Fotografias: Namkhai Norbu.)

Figuras 14 e 15. Estes dois detalhes de murais do templo secreto do quinto Dalai Lama mostram iogues em diversas posições de prática, com a letra "AH" tibetana — um símbolo do estado primordial da mente muito usado como objeto de fixação — surgindo em esferas thigle de luz de arco-íris. Posições diferenciadas de corpo, combinadas com padrões específicos de respiração, influenciam o fluxo de energia sutil do indivíduo e o estado da mente. (Fotografia: Namkhai Norbu.)

Figura 16. Esse detalhe do mural de Thödgal do tempo secreto do quinto Dalai Lama mostra iogues praticando em uma paisagem montanhosa, rodeados por diversas aparições visionárias que se manifestam em função do progresso de sua prática. No alto à esquerda, o Buda e cinco dakinis se manifestam em esferas de luz de arco-íris, ou thigle, abaixo dos quais um iogue se dedica à prática de gerar fogo interno, ou calor, como meio para realizar a união de sensação e vazio. Chamas sobem acima de sua cabeça a partir do centro de seus três canais principais, onde uma letra "AH" tibetana se manifesta em um fluxo de luzes de cinco cores. (Fotografia: Namkhai Norbu.)

Figura 17. Essa ampliação do detalhe anterior do mural de Thödgal mostra com mais clareza, no corpo de dois iogues, a posição dos três principais canais de energia sutil da forma como são visualizados na prática específica que estão executando. O iogue que é visto de costas está praticando para integrar sua energia com o elemento água. Ele está contemplando a água que cai de uma cachoeira, enquanto fixa sua atenção no som da água corrente. A letra "AH" visualizada no centro do seu corpo, sobreposta ao seu canal central, faz eco com a manifestação externa de uma grande letra "AH" à sua direita.
(Fotografia: Namkhai Norbu.)

Figura 18. Um monge tibetano na Índia dá os últimos retoques em uma estátua do grande iogue e poeta tibetano Milarepa. Estátuas retratando-o nessa posição são tradicionais e, em geral, são intituladas "Milarepa ouvindo o som do universo", como se levasse a mão ao ouvido para ouvir melhor. É mais provável que ele esteja utilizando a posição iogue na qual a mão levantada pressiona um dos canais de energia sutil no pescoço. (Fotografia: Brian Beresford.)

Figura 19. Detalhe da thanka mostrando Rechung ("discípulo lunar"), o principal discípulo leigo de Milarepa, ajoelhado para inspecionar um chifre de iaque caído no chão, dentro do qual Milarepa se protegia de uma chuva de granizo (ver p.156). (Fotografia: Brian Beresford.)

Figura 20. Sua Santidade Tenzin Gyatso, o XIV Dalai Lama, em um ensinamento dzogchen dado por ele em Londres, em 1984, segurando um cristal com uma pena de pavão afixada em cima. Esses objetos foram usados como instrumentos rituais na iniciação por ele concedida, o cristal representando as práticas de tregchöd, e a pena de pavão representando o thödgal. (Fotografia: Brian Beresford.)

Figura 21. Detalhe do mural de thödgal no templo secreto do quinto Dalai Lama, que mostra um iogue segurando um cristal refletindo os raios do sol. Cristais são muito usados no ensinamento Dzogchen como um símbolo da maneira pela qual sua própria mente projeta o que, ao indivíduo perdido nas ilusões do samsara, se assemelha a uma realidade aparentemente "externa". (Fotografia: Brian Beresford.)

Figura 22. Chögyal Namkhai Norbu praticando durante um retiro na primavera de 1984, na caverna em Maratika, no Nepal, onde, muitos anos antes, o próprio Padma-sambhava recebeu a transmissão e realizou a prática de Amitayus, o Buda da Longa Vida (ver p.123). (Fotografia: Carlo D'Angelo.)

6

A Base

É totalmente impossível encontrar Buda em qualquer outro lugar que não na própria mente.

Alguém que seja ignorante sobre isso pode procurar fora, mas como é possível encontrar a si próprio procurando em qualquer outro lugar que não em si mesmo?!

Alguém que procura sua própria natureza externamente é como um bufão que, ao fazer uma apresentação em meio ao povo, se esquece de quem é e então procura em todo lugar encontrar a si mesmo.

Padmasambhava ("A ioga do conhecimento da mente")

Dos grupos de três, aquele conhecido como "a Base, o Caminho e o Fruto"[17] é de suma importância. Agora estudaremos cada um desses aspectos.

"Base", ou *zhi* em tibetano, é o termo usado para denotar o solo fundamental da existência tanto em nível universal quanto indivi-

---

17 Todos os ensinamentos possuem sua concepção particular da Base (a condição fundamental do indivíduo), do Caminho (a prática espiritual que deve ser feita) e do Fruto (o estado a ser alcançado), todos correspondentes às características do veículo ou ensinamento a que pertencem. O que se apresenta aqui é a Base, o Caminho e o Fruto do Dzogchen.

dual, os dois sendo em essência iguais; compreender um é compreender o outro. Se você se compreende, compreende a natureza do universo. Já nos referimos antes ao estado primordial, vivenciado na contemplação não dual, e é nesse estado que o indivíduo recupera a experiência de identidade com a Base. É chamada "Base" porque é a base de todos os fenômenos e, sendo incriada, sempre pura e autoperfeita, não é algo que precisou ser construído. Embora seja a incriada e indestrutível base da existência de todo indivíduo, permanece oculta para a experiência de todos os seres afetados pela ilusão do dualismo. Quando isso acontece, é temporariamente obscurecida pelas "nuvens" constituídas por estados mentais negativos em interação mútua — por exemplo, paixões tais como apego e aversão — que surgem da ignorância básica da visão dualista. Porém, a Base não deve ser transformada em um conceito ou considerada algo material ou autoexistente; é o estado insubstancial ou condição que serve como base para todas as entidades e indivíduos — algo que o indivíduo comum desconhece, mas que está totalmente manifesta no indivíduo realizado.

Nos ensinamentos em geral, não apenas no ensinamento Dzogchen, considera-se que a consciência não cessa com a morte do corpo físico, mas transmigra — as causas cármicas acumuladas durante incontáveis vidas dando origem a novos renascimentos até o indivíduo se tornar realizado, transcender o carma e dar fim à transmigração. Não se fala muito a respeito de como e quando essa transmigração começou, porque se considera mais importante lidar com os elementos realmente úteis para trazer fim ao sofrimento da transmigração na existência condicionada, em lugar de desperdiçar tempo precioso especulando sobre a causa original. No tempo do Buda, havia considerável debate entre as seitas brâmanes a respeito da natureza precisa do "Criador" e até mesmo sobre sua existência. Mas em vez de afirmar ou negar a existência de um ser supremo como a causa primeira, Buda aconselhava seus discípulos a deixarem de lado todas as dúvidas e especulações, e se empenharem para alcançar o estado de iluminação no qual as questões desaparecem e a claridade se manifesta.

No nível daquilo que efetivamente encontramos em nossas vidas, está claro onde a transmigração começa: ela começa em qualquer instante no qual ingressamos no dualismo, assim como termina quando redescobrimos o estado primordial, que está além de todos os limites, incluindo os limites do tempo, das palavras e dos conceitos. Ainda assim, as palavras da "Canção do *Vajra*[18] tentam descrevê-lo:

---

18 A "Canção do *Vajra*" provem do *Nyida kajor*, o "Tantra da união solar e lunar". É também o mantra principal do *Bardo thödrol*, conhecido no Ocidente como o *Livro tibetano dos mortos*, e suas sílabas na forma original estão na língua de Ogyen ou Oddiyana. A canção não é uma prece e sua prática não envolve uma visualização. Em vez disso, é para ser cantada no estado de contemplação, para ajudar o praticante a integrar sua experiência no estado natural com o nível da energia através do som da canção. Na prática, o significado da Canção do *Vajra* não é tão importante quanto seu som.

A Canção do Vajra

Não nascido, porém continuando sem interrupção;
nem vindo nem indo, onipresente,
Darma Supremo,
espaço imutável, sem definição,
espontaneamente autoliberador –
estado perfeitamente não obstruído –
manifesto desde o princípio,
autocriado, sem localização,
com nada negativo para rejeitar
e nada positivo para aceitar,
expansão infinita, que penetra todos os lugares,
imenso, e sem limites, sem amarras,
com nada nem para dissolver
ou de que se liberar,
manifesto além do espaço e tempo,
existente desde o princípio,
imenso *ying*,[19] espaço interno,
radiante através da claridade
como o sol e a lua,
autoaperfeiçoado,

---

19 Ying (tibetano: dbying). No sentido dado aqui, este termo tibetano, que corresponde ao sânscrito *dhatu*, é traduzido como "dimensão". O dharmadhatu, a extensão ou espaço da realidade, é *chos-dbying* em tibetano; no Dzogchen, faz-se referência ao "*ying* interno" e ao "*ying* externo".

indestrutível como um *vajra*,
estável como uma montanha,
puro como um lótus,
forte como um leão,
prazer incomparável além de todos os limites,
iluminação, equanimidade,
pico do Darma,
luz do universo,
perfeito desde o princípio.

A AUTO-ORIGINAÇÃO DOS CINCO ELEMENTOS E SUAS ESSÊNCIAS

Assim como a existência condicionada do indivíduo surge a partir de traços cármicos, do mesmo modo acontece com a existência de todo o universo. A antiga tradição tibetana Bön de cosmologia, por exemplo, explica que o espaço que existia antes da criação deste universo era o vestígio cármico latente que remanescia de ciclos universais anteriores destruídos. Esse espaço se moveu internamente e a essência do elemento vento se formou; a fricção violenta desse vento consigo mesmo deu origem à essência do elemento fogo; as diferenças de temperatura resultantes causaram a condensação da essência do elemento água; e o turbilhão dessas essências de elementos já existentes deu origem à essência do elemento terra, da mesma maneira que bater o leite faz com que ele se condense em manteiga. Esse nível da essência dos elementos é um nível pré-atômico da existência, assim como a luz e a cor. Da interação de todas as essências dos elementos, os elementos reais no nível atômico ou material se formaram, da mesma maneira e sequência que se formaram as essências dos elementos. Da interação entre os elementos materiais ou atômicos se formou o que é chamado "ovo cósmico", composto por todos os vários reinos da existência. São as tradicionais seis dimensões da existência condicionada: aquelas dos deuses e semideuses (incluindo as mais altas divindades e nagas), humanos, animais, espíritos insatisfeitos e os seres dos infernos.

Se as essências de todos os elementos (e, assim, os elementos em si[20] e todos os vários reinos) surgem a partir do espaço, que provém dos traços cármicos latentes de seres passados, esse espaço claramente não está além do carma e do nível de existência condicionada. Nesse caso, o que se afirma a respeito da Base não pode ser dito sobre o próprio espaço. Você não pode dizer que é fundamentalmente puro e autoperfeito desde o princípio.

Então a Base pode ser comparada ao espaço, pois é aquilo que permite a manifestação de entidades, mas não pode ser igualada com o espaço condicionado. O que podemos dizer sobre a Base é que é ela que permite ao espaço condicionado se manifestar e, desse modo, pode ser comparada à essência do elemento espaço, que dizemos ser "… não nascido, porém continuando sem interrupção, nem vindo nem indo, onipresente, além do espaço e tempo, existente desde o princípio…" nas palavras da "Canção do *Vajra*".

Já o ensinamento Dzogchen vê o processo da originação cósmica de maneira paralela, mas um pouco diferente daquela da tradição Bön. No ensinamento Dzogchen, considera-se que o estado primordial, que está além do tempo e além da criação e destruição, é a base fundamentalmente pura de toda a existência, tanto em nível universal quanto individual. A natureza inerente do estado primordial é se manifestar como luz, a qual por sua vez se manifesta como cinco cores, as essências dos elementos. As essências dos elementos interagem (conforme

---

20 O termo tibetano *khams*, que também corresponde ao sânscrito *dhatu*, indica a essência dos elementos. Os últimos são chamados *jungwa* (*byung-ba*) em tibetano e *bhuta* em sânscrito.

explicado na cosmologia Bön) para produzir os elementos em si, que formam tanto o corpo do indivíduo quanto toda a dimensão material. O universo é assim compreendido como o divertimento, a brincadeira, o desvelar que surge espontaneamente da energia do estado primordial, e pode ser apreciado como tal por alguém que permanece integrado à sua própria condição essencial inerente, no estado autoliberador, autoperfeito, o estado de Dzogchen.

Mas se através da percepção fundamentalmente equivocada da realidade o indivíduo adentra na confusão do dualismo, a consciência primordial, que é de fato a fonte de toda manifestação (até mesmo da consciência dualista e de todos os fenômenos), torna-se em si obscurecida. A mente deludida do indivíduo percebe erroneamente as manifestações de sua consciência primordial inata, pura, como sendo uma realidade externa existente separada de si mesma – a qual procura manipular infinitamente e definitivamente sem sucesso, tentando em vão acabar com o contínuo sentimento subjacente de insatisfação e desconforto que é a experiência inevitável do obscurecimento da consciência pura. A experiência de insatisfação subjacente (ou *dukha* em sânscrito) que inevitavelmente surge junto com a mente deludida – não importa quanto sucesso o indivíduo consiga ao lidar com seu mundo em termos materiais – continua até ele recuperar a experiência do estado primordial.

Todas as diversas paixões surgem da percepção fundamentalmente equivocada da realidade descrita acima e, uma vez que tenham surgido, as paixões condicionam sem cessar o indivíduo para dentro do dualismo, aprofundando o sentimento individual de confusão acerca da natureza da realidade. É por isso que o *samsara*, a roda sem fim da existência condicionada, é com frequência descrito nos ensinamentos como um "círculo vicioso".

O ensinamento Dzogchen, nas explicações sobre a Base, o Caminho e o Fruto, propõe-se a mostrar como a ilusão do dualismo aconteceu, como pode ser desfeita e qual é a experiência de um indivíduo quando desfeita. Mas todos os exemplos usados para explicar a natureza da realidade podem ser apenas parcialmente bem sucedidos ao descrevê-la, porque essa natureza é, em si, além de palavras e conceitos. Como dizia Milarepa, podemos falar que a natureza da mente é como o espaço, porque ambos são vazios, mas a mente é consciente, enquanto o espaço não é. A realização não é um conhecimento a respeito do universo, mas a experiência viva da natureza do universo. Até termos tal experiência viva, continuamos dependentes de exemplos e sujeitos aos seus limites.

Podemos dizer que a Base é como um misterioso objeto que estou tentando descrever. Posso dizer que o objeto é branco e meio arredondado, e assim você terá alguma noção a seu respeito. Mas no dia seguinte você pode ouvir outra descrição, dada por outro que tenha visto o objeto, e então vai mudar de ideia de acordo com a descrição, pensando talvez que seja mais oval que redondo e cor de madrepérola em vez de branco. Cinquenta descrições depois, você não estará nem um pouco mais esclarecido a respeito do objeto, sempre mudando de ideia a cada vez que ouve alguém descrevê-lo. Mas uma vez que você mesmo tenha visto o objeto, então saberá com certeza como ele é e entenderá que todas as descrições estavam certas em parte, mas nenhuma poderia de fato apreender a natureza completa daquele objeto misterioso. Algo semelhante acontece com as descrições da Base ou estado primordial, que é puro desde o princípio, e nunca deixa de ser, mesmo quando a consciência superficial de um ser deludido se encontra imersa no dualismo e enredada nas paixões.

Agora que já contemplamos o significado do termo "Base" como é compreendido no ensinamento Dzogchen, podemos começar a considerar de que modo essa Base se manifesta como o indivíduo e o universo que ele ou ela vivencia. Todos os níveis de ensinamentos consideram o indivíduo como constituído de corpo, voz e mente. Os estados perfeitos desses níveis que se manifestam em

indivíduos realizados são simbolizados pelas sílabas
tibetanas "OM", "AH" e "HUM", nessa ordem. O
corpo inclui a dimensão material inteira do indivíduo, enquanto a voz é a energia vital do corpo, conhecida como *prana* em sânscrito e *lung* em tibetano, e
sua circulação está relacionada à respiração. A mente
inclui tanto a mente que raciocina quanto a natureza
da mente, que não está sujeita aos limites do intelecto.
O corpo, a voz e a mente de um ser comum se
tornaram tão condicionados que ele ou ela se enredou
completamente no dualismo. A percepção dualista de
um ser assim é chamada de impura ou visão cármica,
porque é condicionada por causas cármicas que se
manifestam de modo contínuo em consequência de
ações passadas da pessoa, a ponto de ela viver fechada
no mundo de seus limites, como um pássaro em uma
gaiola. Mas a respeito de um indivíduo realizado, que
descobriu a verdadeira condição da Base antes obscurecida e que vive dentro e em razão dessa condição,
fala-se que tem "visão pura".

A claridade autoperfeita da visão pura do estado
primordial não somente permite que indivíduos realizados possam dar uma introdução direta ao estado no
qual a verdadeira condição da Base é completamente
manifesta, mas também lhes possibilita dar uma introdução simbólica da Base, assim como uma introdução
oral na qual ela é explicada verbalmente.

A explicação oral descreve o funcionamento da
Base em termos dos três aspectos ou "três sabedorias":
essência, natureza e energia. E a fim de simbolizar o
aspecto funcional da Base que cada uma dessas três

sabedorias representa, tradicionalmente, usa-se um espelho: o vazio, que permite que o espelho "se preencha" com qualquer conteúdo, simboliza a essência; a capacidade do espelho de refletir representa a natureza; e as aparências específicas que são refletidas no espelho simbolizam a energia.

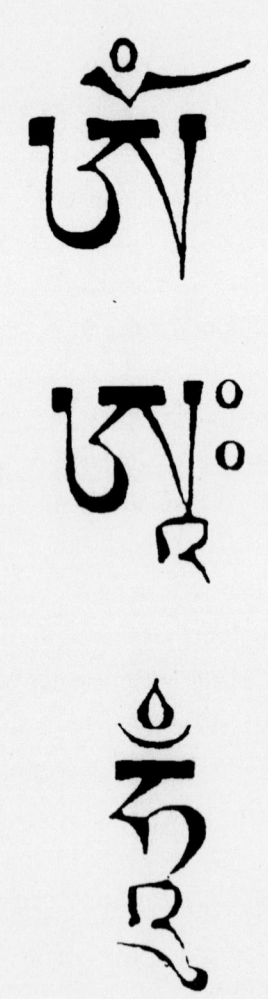

"OM", "AH", "HUM" (caligrafia de Namkhai Norbu).

Xilogravura tibetana mostrando Yama, o deus da morte, segurando a roda da existência. Ao centro, o galo, a serpente e o porco simbolizam os três venenos: mente dualista ou ignorância (porco), que dá origem à aversão (serpente) e ao apego (galo), que enredam o indivíduo no círculo vicioso de sofrimento autoalimentado (sânscrito: samsara). No círculo seguinte, de dentro para fora, seres são vistos avançando em direção à realização através da prática espiritual, ou despencando, tornando-se mais presos na transmigração pelos seis reinos da existência condicionada, que são mostrados no círculo seguinte, o mais largo. Os três reinos superiores são mostrados nessa versão da roda em dois segmentos do círculo à esquerda e à direita da posição do meio-dia no relógio. Os reinos dos deuses e semideuses são mostrados como um só à esquerda, e o reino humano é mostrado à direita. Na sequência, em sentido horário, há o reino dos pretas (ou espíritos em contínua frustração), o reino dos seres infernais e o reino dos animais. O reino humano é o mais favorável ao progresso em direção à realização. O círculo externo simboliza os 12 elos da cadeia de originação interdependente, que explica como a experiência dualista a cada instante se solidifica a partir do espaço aberto da consciência original, devido à percepção fundamentalmente equivocada da realidade e ao subsequente processo mental, criando assim a ilusão da existência condicionada nos seis reinos. (Artista desconhecido.)

ESSÊNCIA   O aspecto da Base designado como "essência" é seu vazio fundamental. Falando de modo prático, isso significa que, por exemplo, se alguém examina sua própria mente, qualquer pensamento que surja pode ser visto como vazio nos três tempos: passado, presente e futuro. Ou seja, se alguém procura o lugar de onde o pensamento veio, nada encontra; se procura o lugar onde o pensamento permanece, nada encontra; se procura o lugar aonde o pensamento vai, nada encontra – vazio. Não que exista um vazio que possa ser em si chamado de alguma coisa ou lugar, mas em vez disso, que todos os fenômenos, sejam eventos mentais ou objetos reais aparentemente externos, não importa o quanto possam parecer sólidos, são de fato essencialmente vazios, impermanentes, apenas temporariamente existentes, e todas as "coisas" podem ser vistas como constituídas de outras coisas, que por sua vez são constituídas de outras e assim por diante. Desde o imensamente grande até o infinitamente pequeno, e todas as possibilidades intermediárias, tudo o que pode ser visto como existente pode ser visto como vazio.

Para dar um exemplo, é dito que esse vazio é como a pureza e claridade fundamental de um espelho. Um mestre pode mostrar ao discípulo um espelho e explicar que ele não julga como lindos ou horríveis os reflexos que surgem: o espelho não é alterado por qualquer tipo de reflexo que possa surgir, nem sua capacidade de refletir é danificada. Então se explica que a natureza vazia da mente é como a natureza do espelho: pura, clara e límpida, e que não importa o que surge, a essência vazia da mente nunca pode ser perdida, danificada ou maculada.

Embora o vazio no sentido explicado acima seja a condição essencial subjacente a todos os fenômenos – sejam eventos mentais ou objetos "reais" percebidos como algo externo – eles continuam a se manifestar. Assim como os reflexos que, embora sejam vazios, continuam aparecendo no espelho, coisas continuam a existir e pensamentos continuam surgindo. Esse surgimento contínuo é o aspecto da Base chamado de "natureza". A natureza da Base é se manifestar e, a fim de elucidar essa natureza, ela é comparada à capacidade de um espelho refletir tudo o que é colocado à sua frente.

O mestre pode usar um espelho físico para mostrar que – não importa se o que está refletido é bom ou mau, lindo ou feio – a capacidade de refletir inerente ao espelho funciona tão logo o objeto é colocado a sua frente. Ele vai explicar que o mesmo acontece com o que é chamado de "natureza da mente", que é descoberta em contemplação não dual. Qualquer pensamento ou evento pode surgir, mas a natureza da mente não será condicionada por ele nem vai começar a julgar: simplesmente vai refletir o que surge, assim como o espelho faz, de acordo com sua própria natureza.

Desse modo, o *zhi*, a Base, a condição fundamental do indivíduo e da existência, é em essência vazia, porém, sua natureza é se manifestar. Manifesta-se como energia, e, para dar um exemplo, esta energia é comparada aos reflexos que surgem em um espelho. O mestre pode outra vez mostrar o espelho ao discípulo e explicar como os reflexos que surgem nele são a energia da própria natureza inerente ao espelho que se manifesta de modo visível.

Embora, a fim de explicar a Base, possamos separar artificialmente sua essência, natureza e energia, o exemplo do espelho demonstra que esses três aspectos são interdependentes e não podem ser separados uns dos outros. O vazio primordialmente puro[21] de um espelho, sua capacidade clara de refletir e os reflexos que nele surgem são inseparáveis, e todos são essenciais à existência do que é conhecido como "espelho".

Se não fosse vazio, o espelho não refletiria; se não tivesse a clara capacidade de refletir, como poderia manifestar reflexos? E se não pudesse manifestar reflexos, como poderíamos dizer que é um espelho? O mesmo vale para os três aspectos da Base: essência, natureza e energia são inseparáveis.

COMO A ENERGIA SE MANIFESTA: DANG, ROLBA, TSAL

A energia se manifesta de três maneiras características, que são conhecidas como *dang*, *rolpa* e *tsal*. Esses termos são intraduzíveis e temos que usar as palavras tibetanas. Elas são explicadas com três exemplos: o espelho, a bola de cristal e o prisma de cristal.

DANG   Um espelho não tem forma nem cor. Ainda assim, quando um tecido vermelho é colocado em sua frente, o espelho parece vermelho; com um tecido verde em sua

---

21 *Katak* (tibetano: *ka-dag*), ou "pureza", caracteriza a forma *dang* de manifestação de energia, enquanto *lhundrub* (tibetano: *lhun-grub*), ou "autoperfeição", caracteriza as formas *rolpa* e *tsal* de manifestação de energia.

frente, parece verde; e assim por diante. Desse modo, embora o vazio do espelho seja essencialmente infinito e sem forma, o espelho pode ser preenchido com qualquer conteúdo. O mesmo acontece com a energia do indivíduo: embora no nível *dang* ela seja essencialmente infinita e sem forma, é claro que tem a capacidade de adotar qualquer forma.

Embora nossa energia seja em essência totalmente sem forma e livre de qualquer dualidade, os traços cármicos contidos em nosso fluxo de consciência dão origem às formas que experimentamos como corpo, voz e mente, assim como àquelas que percebemos como um ambiente externo – cujas características, nos dois casos, são determinadas por causas acumuladas durante vidas incontáveis. O problema é que esses traços cármicos também dão origem à delusão dualista e ao apego que nos torna completamente inconscientes da nossa verdadeira condição, de modo que sentimos uma separação radical entre nossa pessoa – corpo, voz e mente – e aquilo que vemos erroneamente como um mundo externo. Isso nos leva a perceber a nós mesmos e ao "mundo ao nosso redor" como realidades absolutas, autoexistentes. O resultado dessa delusão é o que se conhece como "visão cármica".

Quando libertado dessa ilusão, o indivíduo vivencia sua própria natureza assim como é e como tem sido desde o princípio: uma consciência livre de quaisquer restrições e uma energia livre de quaisquer limites ou forma. Descobrir isso é descobrir o *dharmakaya* ou "corpo de verdade", melhor traduzido como "corpo da verdadeira natureza da realidade".

Essa espécie de manifestação da energia do indivíduo é ilustrada pelo exemplo da bola de cristal. Quando um objeto é colocado próximo de uma bola de cristal, uma imagem pode ser vista dentro da bola, de modo que o próprio objeto parece se encontrar ali dentro. O mesmo acontece com a energia do indivíduo, que tem a potencialidade de aparecer como uma imagem percebida "internamente", como se fosse vista "com o olho da mente", embora o que aparece não esteja realmente "dentro" nem "fora": não importa o quanto essa imagem que parece interna seja vívida, assim como no caso anterior, ela é a manifestação da própria energia do indivíduo, dessa vez na forma de energia *rolpa*.

É com base no funcionamento desse tipo de manifestação de energia que muitas das práticas de *thögal* e de *yangthig* funcionam (essas práticas serão discutidas nos capítulos seguintes). Essa é a fonte das 100 deidades pacíficas e iradas que, de acordo com o *Bardo thödrol*, ou "Livro tibetano dos mortos",[22] surgem durante a experiência do *Chönyid bardo* (ou *"Bardo do dharmata"*), e é também a fonte original das deidades que são visualizadas pelos praticantes do caminho da transformação para transformar sua visão impura em visão pura.

Finalmente, é precisamente esse nível de sua própria energia que os indivíduos realizados vivenciam

---

22 Ver Giacomella Orofino, *Sacred Tibetan Teachings on Death and Liberation: Texts from the Most Ancient Traditions of Tibet*, Bridport, Dorset, UK, 1990; Lati Rinpoche e Jeffrey Hopkins, *Death, Intermediate State and Rebirth in Tibetan Buddhism*), Lati Rinpoche e Jeffrey Hopkins, Rider, Londres, 1979; tradução para o italiano feita por Namkhai Norbu do "Livro tibetano dos mortos", *Il Libro Tibetano dei Morti*, Newton Compton, Editori, Rome, 1983; e também *The Tibetan Book of the Dead*, traduzido por Chögyam Trungpa e Francesca Freemantle, Shambala Publications, Boulder, 1975.

Deve-se observar que, nas práticas do Upadesha ou Mennagde, a percepção correta da forma *dang* de energia (correspondente ao *dharmakaya*) é a essência da prática de *tregchöd*; a correta percepção da forma *rolpa* de energia (correspondente ao *sambhogakaya*) é a essência da prática de *thödgal*; e a correta percepção da forma *tsal* de energia (correspondente ao *nirmanakaya* e à condição chamada *yermed*, ou "inseparabilidade") é a essência do Fruto.

como o *sambhogakaya*, ou "corpo de abundância".[23] A "abundância" mencionada é a multiplicidade fantástica de formas que podem se manifestar nesse nível, correspondente à essência dos elementos – que é luz – e que indivíduos realizados não percebem em termos dualísticos.

TSAL

Tsal é a manifestação da energia do próprio indivíduo como um mundo aparentemente "externo". Mas, de fato, o mundo aparentemente externo é uma manifestação da nossa própria energia no nível *tsal*. Junto com o surgimento do dualismo, entretanto, surge de forma simultânea a ilusão de um indivíduo autoexistente que se sente separado de um mundo que ele ou ela percebe como externo. A partir do "eu" ilusório com o qual se identifica e ao qual se apega, a consciência dualista fragmentada toma as projeções dos sentidos por objetos que existem independente e separadamente.

O exemplo utilizado para ilustrar a natureza ilusória da nossa sensação de separação estabelece um paralelo entre a forma como a energia do indivíduo se manifesta e o que acontece quando um prisma de cristal é colocado sob a luz do sol: quando a luz incide sobre o cristal, é refletida, refratada e decomposta por

---

23 *Sambhoga* significa, literalmente, "prazer". Chögyal Namkhai Norbu explica que o *sambhogakaya* diz respeito ao prazer da abundância – ilimitado em qualidade e quantidade – de manifestações infinitas da potencialidade do aspecto *rolpa* da energia (ou *tukje*; *thugs rje*) da Base do indivíduo; essas manifestações são apreciadas por nossos diversos sentidos. Mas como avisa Chögyal Namkhai Norbu, visto que "prazer", em nível físico, normalmente nos faz entrar no pensamento, ou julgamento mental, sucedido no *samsara* pelo desenvolvimento de apego e aversão, talvez seja melhor traduzir o termo *sambhoga* como "abundância".

ele, causando o aparecimento de raios e formas nas cores do espectro — que parecem estar separados do cristal, mas que na verdade são funções da sua própria natureza.

Do mesmo modo, o que aparece como um mundo de fenômenos aparentemente externos é a energia do próprio indivíduo, conforme percebida por seus sentidos. Não há nada externo ao indivíduo ou dele separado, e tudo que se manifesta no campo de experiência individual é um contínuo, fundamentalmente livre da dualidade e multiplicidade: é precisamente esta a grande perfeição que é descoberta no Dzogchen.

Para o indivíduo realizado, o nível de manifestação de energia chamado *tsal* é a dimensão do *nirmanakaya*, ou "corpo de manifestação". Mas devemos lembrar que nem as formas *dang*, *rolpa* e *tsal* de manifestação de energia, nem o *dharmakaya*, *sambhogakaya* e *nirmanakaya* são separados um dos outros. A energia *dang*, ilimitada, sem forma — da qual a correta compreensão é o *dharmakaya* — manifesta-se no nível da essência dos elementos, que é luz, como as formas não materiais de energia *rolpa* — da qual a correta compreensão da energia é *sambhogakaya* — que somente pode ser percebida por aqueles que possuem claridade visionária. No nível "material", manifesta-se como as formas de energia *tsal*, que indivíduos deludidos percebem como sólidas e materiais, exteriores à sua consciência, mas cuja correta compreensão é o *dharmakaya*. A "correta compreensão" mencionada em cada caso claramente não quer dizer uma mera compreensão intelectual, mas se refere à substituição da consciência deludida pela experiência não dual da realidade assim como é.

Dessa forma, dizer que os iluminados possuem três *kayas*, ou "corpos", não significa que eles tenham três corpos em diferentes dimensões, ou três níveis, como uma estátua. Os *kayas* são três modos de manifestação de energia de cada indivíduo, da maneira vivenciada na realização. Esses três *kayas* serão analisados em maior detalhe mais adiante.

Os exemplos citados estão entre as maneiras pelas quais o mestre pode dar ao discípulo uma "introdução simbólica" à Base; e as explicações dos três aspectos e o modo pelo qual a Base se manifesta como os três tipos de energia são como ele ou ela dá ao discípulo uma "introdução oral".

Esse é o segredo aberto, que cada um pode descobrir por si mesmo: vivemos nossas vidas, por assim dizer, pelo avesso, concebendo-nos como um "eu" que consideramos ser absolutamente separado de um mundo que julgamos externo e tentando manipular esse mundo a fim de obter satisfação. Mas enquanto permanecermos no estado dualista, nossa experiência continuará marcada por uma sensação subjacente de carência, medo, ansiedade e insatisfação.

Quando, por outro lado, alguém ultrapassa o nível dualista, tudo é possível. Perto da caverna de Milarepa vivia um monge tibetano bastante instruído, que se achava muito inteligente. Ele acreditava que era capaz de superar qualquer coisa com o intelecto, mas o estranho era que todos iam receber ensinamentos de Milarepa, que nunca havia estudado, e ninguém procurava esse monge. Cheio de inveja, ele foi ao encontro de Milarepa disposto a discutir. Ele queria lhe expor ao ridículo com argumentos bem escolhidos e, assim, perguntou:

— O espaço é material ou imaterial?

— É material – respondeu Milarepa.

O monge então pensou: "Agora está comprovado que ele é um completo idiota!" E se preparava para continuar a discussão da mesma maneira, quando Milarepa pegou um graveto e começou a percutir o espaço vazio como se fosse um tambor. O monge então perguntou:

— A rocha é material ou imaterial?

Em resposta, Milarepa fez sua mão atravessar uma rocha. O monge perplexo tornou-se mais um de seus discípulos.

O intelecto é uma ferramenta valiosa, mas não abrange o todo da realidade. Pode de fato ser uma armadilha que nos impede o acesso aos aspectos mais profundos da nossa própria natureza. Quando eu era jovem, conheci um mestre muito estranho, cujas ações pareciam tão incompreensíveis quanto as de Milarepa, embora sua história de vida fosse muito diferente. Ele havia sido monge em um mosteiro Sakyapa que tinha regras muito rígidas, como todo monastério. Quebrara as regras de modo muito grave ao se relacionar com uma mulher e fora expulso do monastério. Ele se arrependeu do acontecido e foi para bem longe, mas em suas viagens encontrou mestres, recebeu ensinamentos e se tornou um praticante sério. Mais tarde retornou à sua aldeia nativa, mas como o monastério não o aceitaria de volta, seus familiares construíram para ele uma pequena cabana na encosta da montanha. Ele viveu lá, praticando tranquilamente por muitos anos, e se tornou conhecido por todos como "o praticante".

Mas depois de mais alguns anos de quietude, de repente ele parecia ter enlouquecido. Certo dia, enquanto fazia sua prática, começou a jogar todos os seus livros pela janela; então os queimou, despedaçou todas as suas estátuas, virou tudo de cabeça para baixo e destruiu boa parte da casa de retiro. O povo começou a chamá-lo de "o lunático". Depois desapareceu e não foi mais visto por três anos. Ao fim desse período, alguém o encontrou por acaso. Ele vivia em um local muito remoto, bem no topo da montanha. Todos se perguntavam como tinha conseguido sobreviver e conseguir alimento suficiente lá em cima durante tanto tempo, porque nada crescia e normalmente ninguém passava por ali. As pessoas começaram então a se interessar por ele e a visitá-lo. Embora se recusasse a conversar com elas, o modo como vivia as convencia de que não era louco. Em lugar de chamá-lo de "o lunático", começaram a falar dele como um ser realizado, um santo.

Meu tio Khyentse Chökyi Wangchug, abade sakyapa, ouviu falar dele e decidiu visitá-lo, me levando e mais alguns poucos. Foram 15 dias a cavalo para chegar até a aldeia abaixo da montanha onde o estranho mestre vivia. De lá teríamos de subir a pé, já que não havia nenhuma estrada até o topo da montanha, onde era muito difícil chegar. As pessoas da área nos disseram que alguns dias antes, a encarnação de um *trulku* kagyüd muito famoso tinha ido lá para uma visita, mas quando chegou, em lugar de receber ensinamentos, foi rechaçado com uma saraivada de pedras, e alguns monges da comitiva haviam se ferido gravemente. Disseram também que o tal mestre tinha cachorros lá em cima, alguns eram bravos e costumavam morder. Todas as pessoas da região estavam com receio de visitá-lo e, depois de ouvirmos tudo isso, para ser sincero, também ficamos.

Meu tio era muito obeso. Sem uma trilha, levamos um longo tempo para subir a encosta íngreme da montanha. Toda hora escorregávamos em pedras soltas e deslizávamos de volta para baixo. Quando estávamos quase no topo, ouvimos o mestre falar, mas não conseguíamos enxergar uma casa em lugar algum. Quando finalmente chegamos ao topo da montanha, vimos uma espécie de estrutura rudimentar. Não dava para chamar aquilo de casa: era mais como um grande canil com telhado de pedras e aberturas amplas em três lados. Não havia altura suficiente em seu interior para alguém ficar em pé. Nós ainda ouvíamos o mestre falar ali dentro, mas não podíamos imaginar com quem seria.

Em seguida ele se virou, viu que nos aproximávamos, e na hora fingiu que dormia, cobrindo a cabeça com um cobertor. Parecia mesmo louco, mas com cautela nos aproximamos ainda mais. Quando estávamos bem perto, esperamos alguns minutos e ele de repente removeu o cobertor do rosto e olhou para nós. Seus olhos arregalados eram enormes e vermelhos, e o cabelo completamente desgrenhado. Achei-o realmente assustador. Ele começou a falar, mas não conseguíamos entender o que dizia, apesar de ser tibetano como nós. Não que falasse um dialeto local que não entendêssemos; conhecíamos muito bem o dialeto daquela área. Ele falou durante cinco minutos sem interrupção, mas só consegui entender dois trechos. Em um momento, ele disse o que me pareceu ser "no meio das montanhas", mas o que falou em seguida era novamente incompreensível. O próximo trecho que captei parecia ser "vale" e, de novo, nada mais fazia sentido. Perguntei ao meu tio o que havia entendido, mas ele só tinha captado os mesmos dois fragmentos, e nenhuma das outras pessoas conosco tinham compreendido mais que isso.

Meu tio entrou engatinhando pela maior das aberturas na parede de pedra, talvez com a intenção de pedir uma bênção, para ver qual seria a sua reação. A cabana era muito pequena e meu tio muito grande. O mestre esquisito o encarava. Meu tio havia trazido alguns doces e ofereceu dois ao mestre, que pegou apenas um. O mestre tinha um tipo de pote de barro ao seu lado. Colocou o doce no pote e ofereceu-o de volta ao meu tio. Meu tio ficou lá dentro esperando. Então o mestre tirou do bolso de suas roupas esfarrapadas um pedaço de pano velho de lã que com certeza tinha usado para assoar o nariz e o deu de presente ao meu tio, que o aceitou respeitosamente e continuou esperando, até que o mestre lhe lançou um olhar cheio de fúria e meu tio decidiu que era mais sensato sair.

Era a minha vez de entrar. Eu estava apavorado, mas entrei com um pacote de biscoitos que meu tio havia me dado para oferecer. Ofertei-lhe o pacote, mas o mestre não o quis. Pensei: "Talvez eu devesse ter aberto o pacote primeiro", então abri e lhe ofereci alguns biscoitos. Ele pegou um e colocou em seu pote. Consegui dar uma olhada no seu conteúdo e vi que estava cheio de água, mas que também tinha um pouco de tudo: tabaco, pimentas e o doce do meu tio, junto com meu biscoito. Não sei se ele comia daquele pote ou se apenas guardava coisas ali, mas não havia nada na cabana que indicasse atividades domésticas normais, como preparar comida e cozinhar — isso, é claro, se o morador pudesse encontrar alimento lá no alto. Demorei-me assimilando tudo isso, até que, com olhar feroz, o mestre me deu uma espécie de chaleira de barro meio quebrada que ele usava como penico. Então, levando comigo esse presente, saí para me reunir com meu tio e os outros do lado de fora. Tínhamos ficado por lá durante cerca de vinte minutos e continuamos lá fora olhando para ele.

Em seguida ele voltou a apontar e falar de modo incompreensível, e entendemos que estava tentando nos dizer para ir naquela direção. Esperávamos um pouco mais, quando, de repente, muito irritado, ele disse de forma bastante coerente:

— Melhor ir!

Meu tio se dirigiu a mim e ao resto do grupo:

— Talvez seja melhor fazer o que ele falou — e todos partimos na direção indicada pelo mestre excêntrico. Não era o caminho por onde viéramos e por onde deveríamos voltar, e não fazíamos a menor ideia de aonde estávamos indo ou por qual motivo, mas meu tio disse que poderia haver algo por trás do que o mestre havia falado.

Era uma jornada muito difícil. Nós avançamos com dificuldade ao redor e abaixo daquele pico durante muitas horas, até o ponto onde a montanha começou a subir de novo em direção ao próximo pico. No que se poderia chamar de sela entre os dois picos, havia uma área de floresta densa e, logo antes de chegarmos lá ouvimos o que parecia ser alguém gemer e gritar. Apressamos o passo e encontramos um caçador que havia caído dos rochedos e quebrado o pé. Ele não estava em condições de caminhar e, assim, parte do grupo o carregou de volta ao lugar onde a família dele vivia, que ficava bem longe dali. Meu tio sugeriu que voltássemos para ver o estranho mestre:

— Talvez ele nos dê algum ensinamento agora.

Mas quando retornamos à cabana, longe de falar algo como "muito bem!", ele apenas nos mandou ir embora.

Mas o fato de um mestre como esse não estar comprometido a ensinar aos seres humanos não significa necessariamente que não estivesse ensinando. Ele podia estar vivendo daquela maneira estranha enquanto se manifestava em outra dimensão para ensinar outros seres que não os humanos. Dessa forma, ele podia estar dando ensinamentos para mais seres do que encontramos em uma grande cidade, enquanto não tínhamos a capacidade de perceber essa atividade. Garab Dorje, por exemplo, ministrou o ensinamento Dzogchen para as *dakinis* antes de ensiná-lo aos seres humanos. No *bardo* — estado intermediário após a morte do corpo físico e antes do próximo renascimento — seres possuem somente um corpo mental, para o qual não existe nenhum organismo correspondente no plano material, sólido. É possível que o mestre que parecia tão estranho para nós estivesse ensinando esses seres. Quando entendemos a natureza não dual da realidade, conforme descrita nas explicações da Base como essência, natureza e energia, e sabemos como a energia do indivíduo se manifesta como *dang*, *rolpa* e *tsal*, podemos entender como alguém que integrou sua energia é capaz de ações que seriam impossíveis para um ser comum. Dessa forma, as ações desse mestre não parecem mais tão incompreensíveis.

7

O Caminho

Algumas pessoas passam a vida toda se preparando para praticar. Então chega o fim de suas vidas e elas ainda estão se preparando. Assim elas começam a vida seguinte sem nem mesmo terem completado todas essas preparações.

Tragpa Gyaltsen, um grande mestre da escola Sakyapa.

O segundo aspecto principal dos grupos de três – a Base, o Caminho e o Fruto – é o Caminho. Tudo no Caminho diz respeito a como alguém pode trabalhar até a realização para se retirar da condição dualista. Porque mesmo que o mestre tenha transmitido a introdução diretamente ao estado primordial e dado uma explicação sobre o estado e como ele se manifesta, o problema é que permanecemos encerrados na gaiola de nossos limites. Precisamos de uma chave, um modo de abrir a gaiola, um método com o qual trabalhar a fim de nos estabelecermos naquilo que a introdução nos permitiu vislumbrar. Essa chave é o "Caminho", ou *lam* em tibetano, que também pode ser visto em três aspectos.

Tawa: o "ponto de vista" ou "visão" da verdadeira condição do indivíduo e de todos os fenômenos

O primeiro aspecto do caminho é *tawa*: o "ponto de vista" ou a "visão" da verdadeira condição do indivíduo e de todos os fenômenos.

A razão pela qual *tawa* é às vezes mencionada como "visão" da verdadeira condição, em lugar de "ponto de vista", é porque no Dzogchen o termo *tawa* não se refere a uma perspectiva intelectual ou filosófica. Quando as pessoas falam de um "ponto de vista", com frequência querem se referir a uma posição filosófica sustentada por uma pessoa ou escola. A filosofia Madhyamika, por exemplo, é com frequência mencionada como sendo o "ponto de vista, ou perspectiva, de Nagarjuna". Mas no Dzogchen, em lugar de "ponto de vista" significar que apenas estudamos, assimilamos e aderimos a uma perspectiva teórico-filosófica, é necessário nos observarmos de modo a realmente descobrir por nós mesmos qual é a nossa verdadeira condição.

O conhecimento direto, não conceitual, não dual dessa condição verdadeira — nossa natureza absoluta, fundamentalmente pura desde o princípio e completamente livre de todos os condicionamentos, nunca perdida ou maculada, mesmo quando está obscurecida pela experiência dualista do *samsara* — é a verdadeira *tawa* ou visão do Dzogchen. E quando essa visão se torna estável para nós, superamos as limitações que criam e sustentam a prisão de nossa sensação limitada de nós mesmos, ou ego.

Mas se estamos enredados no dualismo, a primeira coisa que precisamos fazer é descobrir exatamente como estamos condicionados de modo tão completo, e como nossas limitações nos confinam na prisão da dualidade. Dessa forma, o *tawa* do Dzogchen também implica, no nível relativo, que nos observemos minuciosamente nos níveis de corpo, voz e mente, e confrontemos todos os nossos problemas, e isso pode não ser fácil nem agradável.

Há muitos problemas práticos relativos ao trabalho, condições de vida, saúde, obtenção de alimento suficiente e assim por diante. Eles podem ser chamados de "problemas do corpo". Existem os problemas da voz, ou energia: nervosismo, neuroses, problemas psicossomáticos e vários outros tipos de perturbações.

E mesmo se estamos em boa forma física e boa condição financeira, ainda existem os problemas da mente. Os problemas mentais são tantos e podem ser bastante sutis e difíceis de perceber – participamos de todos os tipos de jogos que existem a fim de manter, impor ou promover nossos egos.

Jogamos esses jogos imaginando que através deles iremos de alguma forma melhorar nossa situação, mas na verdade tudo o que logramos alcançar é a construção de uma gaiola dentro da qual nos trancamos. E uma vez que estamos na gaiola, o problema passa a ser que nos enganamos a ponto de não conseguirmos mais ver seus limites. Desse modo, o primeiro passo para fora dessa prisão que nós mesmos criamos é termos consciência de que estamos nela, e isso somente pode ser feito se nos auto-observarmos o tempo todo. Essa é outra razão pela qual o espelho, ou *melong*, é um símbolo tão importante no Dzogchen. Além de representar a verdadeira condição da Base e a inseparabilidade das duas verdades – relativa e absoluta[24] – o espelho também serve como um lembrete para a toda hora observarmos nossa própria condição.

---

24 Nesse exemplo, a pureza, a claridade e a limpidez do próprio espelho representam a condição absoluta – que permite a manifestação de todas as imagens relativas, mas que, em si, não é relativa a coisa alguma. Os reflexos que aparecem no espelho – que não possuem substância e solidez, e estão relacionados a cada um dos outros reflexos – representam a dimensão relativa e seu caráter ilusório, espectral. Visto que as imagens refletidas são uma função do espelho. (Poderíamos dizer que estas imagens resultam de uma brincadeira da superfície com a luz e não possuem existência exceto no espelho).

Há um provérbio tibetano que diz assim:

No nariz dos outros, nem uma pequena formiga passa
despercebida. No próprio nariz, não se nota nem
um grande iaque.

Essa pode ser a maneira pela qual nós, seres humanos, tendemos a nos comportar, mas não é a atitude correta de acordo com o *tawa* do Dzogchen. Não se deve olhar para fora e criticar os outros: deve-se observar a si mesmo e, pela auto-observação, tornar-se consciente de sua prisão.

Mas não é suficiente apenas saber que a prisão está lá. É necessário querer sinceramente se libertar dela, e começar de verdade a trabalhar para esse fim.

O modo como fugimos da prisão, de acordo com o ensinamento Dzogchen, é estabelecer *tawa* ou a visão da verdadeira condição do indivíduo e de todos os fenômenos — o que dissolve todos os limites ilusórios. E esse processo pode ser explicado nos termos dos três princípios de Garab Dorje: o acesso ao *tawa* é obtido ao receber do mestre a introdução direta ao estado primordial, ou Base; e é através do retorno recorrente ao *tawa* que o praticante se torna capaz de "não permanecer em dúvida" a respeito da verdadeira natureza de todas as experiências; e então ele ou ela se esforça para permanecer ininterruptamente na própria visão ou *tawa*, o que significa "continuar" no estado primordial.

Mas toda vez que alguém não se encontra no estado primordial, deve se observar sem distração, governando seu comportamento com o tipo de consciência relativa auto-observadora que reconhece as consequências de suas ações, e deve manter essa consciência enquanto a consciência absoluta espontânea e não dual do estado primordial, que é sua verdadeira condição, não estiver presente.

Apesar de termos acabado de contemplar *tawa* nos termos de todos os três princípios de Garab Dorje, pode ser mais comum considerar os dois primeiros princípios como referentes a *tawa*, enquanto o terceiro se refere de forma mais específica a *gompa* e *chöpa*, que serão explicadas nas próximas duas seções. Conforme iremos ver, pode-se definir *gompa* como "permanecer em *tawa*", enquanto *chöpa* poderia ser definido como "comportamento que surge de *gompa*".

Gompa: prática

Perguntaram ao grande mestre dzogchen Yongtön Dorje Pal:

— Que meditação você faz?

E ele respondeu:

— Sobre o que eu meditaria?

Assim, quem perguntava concluiu:

— Então no Dzogchen não se medita?

Mas Yuntön Dorje Pal respondeu:

— E quando é que eu me distraio (da contemplação)?

A distinção entre o que se entende pelos termos "meditação" e "contemplação" é essencial no Dzogchen. A prática de Dzogchen propriamente dita é a contemplação, que consiste em se estabelecer no estado não dual, que, por sua própria natureza, se autolibera sem interrupção. Esse estado, que não é condicionado pelo nível conceitual da atividade da mente, também inclui o pensamento e o funcionamento do que em geral consideramos nossas mentes ordinárias. O pensamento

A DISTINÇÃO ENTRE O QUE SE ENTENDE PELOS TERMOS "MEDITAÇÃO" E "CONTEMPLAÇÃO" NO DZOGCHEN pode, e com efeito o faz, surgir na contemplação – mas na contemplação não se é condicionado por ele. Uma vez que o estado primordial é inerentemente autoliberador, ao simplesmente deixar o pensamento sozinho, ele se autolibera.

Portanto, na contemplação – da forma que esse termo é utilizado no Dzogchen – a mente não faz qualquer esforço: não há nada a fazer ou deixar de fazer. Uma vez que "o que é" é autoperfeito assim como é, é deixado em sua própria condição.

Por outro lado, o que se quer dizer com "meditação" no ensinamento Dzogchen é uma ou outra das muitas práticas que envolvem o trabalho com a mente relativa, dualista, a fim de se capacitar para ingressar no estado de contemplação. Essas práticas podem incluir vários tipos de fixação do olhar – que são feitas para levar ao estado de calma – assim como várias espécies de práticas de visualização e assim por diante. Dessa forma, naquilo que é chamado meditação, há algo a ser feito com a mente, mas na contemplação não há.

Na contemplação dzogchen, livre dos defeitos da sonolência, agitação e distração, tanto os momentos de calma que ocorrem entre um pensamento e outro quanto os próprios movimentos de pensamentos são integrados na presença não dual da consciência iluminada. O termo *rigpa* (o oposto de *marigpa* – a delusão fundamental da mente dualista) indica a presença pura dessa consciência inerentemente autoliberadora, na qual o pensamento não é nem rejeitado nem seguido.

RIGPA   Se alguém não consegue encontrar essa presença pura, ou *rigpa*, nunca encontrará o Dzogchen: para descobrir o Dzogchen, é preciso revelar o estado de presença nua. O estado de *rigpa* é o pilar do ensinamento Dzogchen, e é esse estado que o mestre procura transmitir na introdução direta — uma transmissão que, como meu mestre Changchub Dorje me mostrou, não depende nem de rituais formais de iniciação nem de explicações intelectuais.

No entanto, se alguém não se encontra estabelecido no estado de *rigpa*, é somente pela observação da própria condição o tempo todo que pode descobrir com quais práticas deve trabalhar em um momento qualquer a fim de sair da prisão e se manter fora dela. Um pássaro que viveu em uma gaiola a vida toda talvez nem conheça a possibilidade do voo; e terá que aprender a voar em uma situação protegida antes de abandonar definitivamente a gaiola, porque, caso contrário, sem a habilidade de voar bem — quando as barras da gaiola não estiverem mais lá para protegê-lo — ele estará vulnerável a todo tipo de predador.

Da mesma maneira, um praticante deve desenvolver o domínio de suas energias e, no ensinamento Dzogchen, existem práticas para tornar esse domínio possível, práticas adequadas a todos os tipos de pássaros e todos os tipos de gaiolas. Mas cada um deve saber por si que tipo de pássaro é, e em qual espécie de gaiola está. E deve-se querer mesmo sair de todas as gaiolas, porque não adianta apenas aumentar e enfeitar um pouco sua prisão — por exemplo, ao adicionar grades novas, fascinantes, feitas de algum ensinamento "exótico" tibetano. É inútil construir uma nova gaiola de cristal com o ensinamento Dzogchen. Mesmo que ela seja linda, ainda será uma gaiola, e todo o propósito do ensinamento Dzogchen é retirar a pessoa de todas as prisões rumo à vastidão do céu aberto, para o espaço do estado primordial.

As práticas das três séries podem ser classificadas tanto como "práticas principais" — a contemplação não dual em si e as práticas que conduzem a ela — ou como "práticas secundárias", que trabalham com a própria contemplação de alguma maneira, ou trabalham para desenvolver determinadas capacidades particulares. Entre as práticas secundárias, estão incluídas aquelas conhecidas como as "seis iogas" – a prática do calor interno, *tummo*; a prática da transferência de consciência, *powa*; e assim por diante –[25] bem como todas as práticas de outros níveis de ensinamento diferentes do Dzogchen. As práticas do Sutra e as práticas tântricas do caminho da purificação e da transformação podem ser usadas, mas são secundárias para um praticante dzogchen.

Deve-se enfatizar que receber a transmissão do mestre é essencial para as práticas dzogchen. Não que os mestres dzogchen tenham um segredo que desejem esconder dos outros, que então devem de uma forma ou outra acessá-lo; o "segredo" do Dzogchen é na verdade "autossecreto", porque o que está oculto àqueles que estão no *samsara* é o próprio estado de Dzogchen em si. Assim que alguém o descobre, deixa de ser secreto. Todavia, deve-se ressaltar aqui, com a maior veemência possível, que para trabalhar com as práticas do Dzogchen é essencial ter recebido a transmissão de um mestre, e também é muito importante que haja um compromisso verdadeiro da parte de quem deseja receber instrução específica nas práticas. De modo ideal, deveria haver uma colaboração contínua entre o mestre que transmite e o discípulo que recebe, até a transmissão poder ser considerada completa.

---

25 Ver H.V. Guenther, *The Life and Teaching of Naropa*, Oxford, 1963.

Embora haja uma variedade enorme de práticas, não é preciso praticar cada uma delas. Ao contrário, as práticas são usadas criteriosamente, quando e à medida que, pela observação de sua condição, entende-se que sejam úteis ou necessárias. Aqui só precisamos considerar o suficiente para um resumo geral introdutório do ensinamento Dzoghen. O leitor deve estar ciente, contudo, de que a descrição de uma prática de forma alguma equivale a uma instrução para aquela prática.

Para servir de orientação, uma tabela das três séries aparece no Apêndice 1. Em geral existem práticas que trabalham com o corpo, a voz e a mente. Como cada um deles se tornou condicionado, cada um deve ser trabalhado. Assim, a instrução para cada prática em geral inclui os três elementos seguintes: em qual postura o corpo deve estar, como deve ser a respiração, e qual tipo de atenção, de olhar ou de visualização deve ser aplicada. Algumas práticas são destinadas a trabalhar especificamente com um dos aspectos da condição do indivíduo, por exemplo, usando o controle do corpo e da voz para concentrar a mente. Outra prática pode ter por objetivo o simples relaxamento do corpo, enquanto outra ainda pode trabalhar com a voz e o som, como a "Canção do *Vajra*". Também existem práticas que usam cada um dos elementos: terra, ar, fogo, água e espaço.

Cada uma das três séries (Semde, Longde e Mennagde) possui sua própria abordagem característica, mas para todas o objetivo é o mesmo: a contemplação. Nenhuma das três séries é um caminho gradual, porque em todas elas o mestre dá a transmissão direta. Mas o *Mennagde* – que significa literalmente "série falada em segredo", também chamado *Nyingthig*, que significa "quintessência" ou "essência da essência" – é sem dúvida mais direto que o Semde, que trabalha mais com a explicação oral, a análise detalhada e estágios progressivos de meditação que levam à contemplação não dual. O Mennagde é paradoxal ao extremo em sua introdução, porque a natureza da realidade não se encaixa nos limites da lógica, e não pode ser explicada de qualquer outra maneira a não ser por paradoxos. No Longde, por outro lado, posições precisas do corpo e instruções de respiração levam o praticante diretamente para dentro da experiência de contemplação, sem necessidade de nenhuma explicação intelectual.

Embora os métodos de apresentação possam variar nas três séries, sempre há uma introdução direta no Dzogchen. Não é que não haja qualquer preparação prévia, mas a preparação é feita de acordo com as necessidades do indivíduo. Isso diferencia o Dzogchen dos outros níveis do caminho nos quais há uma norma rígida que é sempre a mesma para todos. No Dzogchen, não há necessidade de certificação de um nível de êxito ou iniciação, como encontrado nos caminhos graduais, antes que outro nível mais elevado possa ser abordado. O Dzogchen não funciona dessa maneira. É dada ao discípulo a oportunidade de ingressar desde logo no nível mais elevado. Somente se ele carecer de capacidade será necessário regredir para encontrar um nível de prática que permita a superação de qualquer dificuldade existente. Dessa forma, o discípulo poderá avançar até o nível de contemplação propriamente dito.

NGÖNDRO: PRÁTICAS RELIMINARES

Em todas as escolas do budismo tibetano, não apenas é preciso seguir de forma gradual ao longo de todos os níveis do Sutra e Tantra, mas antes de se permitir de qualquer modo a prática do Tantra, deve-se completar a sequência de práticas preliminares, ou *ngöndro*, hoje em dia também conhecidas como as "quatro práticas fundamentais". O propósito delas é desenvolver as capacidades que estiverem ausentes no indivíduo, e é absolutamente correto e tradicional que sejam exigidas como um pré-requisito para se dedicar a certos níveis da prática tântrica. Eu mesmo completei o *ngöndro* duas vezes no decorrer de minha educação. Ele é considerado obrigatório para todos que desejam se dedicar às práticas mais elevadas, em todas as quatro escolas.

Mas o Dzogchen, como o caminho da autoliberação, lida com a situação de outra maneira; seu princípio é diferente daquele dos tantras. Garab Dorje não disse "primeiro ensine o *ngöndro*". Disse que a primeira coisa a ser feita era o mestre introduzir o discípulo ou discípula diretamente ao estado primordial, para que pudesse ter uma experiência clara dele, e então não teria dúvidas em relação ao fato de que esse estado é a verdadeira condição de todos os fenômenos. Em seguida, disse que o discípulo deveria continuar nesse estado e, se surgissem obstáculos que tornassem isso impossível, ele ou ela deveria aplicar as práticas específicas necessárias para superar esses obstáculos: se alguém descobrisse a falta de determinada capacidade, deveria se dedicar a uma prática que permitisse desenvolvê-la.

Assim, pode-se ver que o princípio do Dzogchen conta com a consciência do praticante para decidir o que precisa ser feito,[26] em vez de uma regra compulsória aplicada a todos. É assim que deve ser no Dzogchen.

O *ngöndro* contém práticas de refúgio e *bodhichitta*, oferenda de mandala, recitação do mantra de Vajrasattva e guru ioga. Todas elas devem ser executadas mais de cem mil vezes como preâmbulo para receber ensinamentos mais elevados. Cada nível de ensinamento tem seu valor e princípio, e a repetição dessas práticas como preliminares realmente tem sua função em relação à capacidade dos indivíduos que chegam aos ensinamentos tântricos. No Dzogchen as mesmas práticas são feitas, mas não como uma preliminar para a introdução direta. A meta é completá-las como parte do padrão geral de prática diária, sem a exigência

---

26 No Mennagde há o *ngöndro* externo, interno e até secreto, mas eles não são preliminares compulsórias.

de completar um número determinado de repetições. Se o *ngöndro* é empreendido como preparação para a prática tântrica, então, para funcionar, a intenção do praticante, de qualquer forma, nunca deve se tornar meramente aquela de tentar adquirir um "passaporte" para ter acesso a ensinamentos mais elevados.

A função do *ngöndro* é permitir ao praticante que se purifique e acumule méritos, de modo que possa chegar ao caminho da sabedoria. A prática do *ngöndro* deveria aprofundar seu compromisso, torná-lo mais humilde, aumentar sua devoção ao mestre raiz e finalmente permitir a superação da mente dualista na revelação do estado do mestre ao discípulo. Se a intenção do praticante não é perfeita, o *ngöndro* não irá satisfazer seu propósito; em especial se é feito com o desejo de adquirir um "passaporte", em vez de permitir que o indivíduo acumule méritos e se purifique para obter sabedoria, vai fazer com que desenvolva orgulho e uma falsa sensação de superioridade.

KYERIM E DZOGRIM

Práticas tântricas podem ser usadas como práticas secundárias pelo praticante dzogchen lado a lado com a prática principal de contemplação. Todas as práticas tântricas trabalham com visualização, mas nos tantras internos (também chamados superiores ou *anuttaratantras* nas três escolas mais recentes do budismo tibetano), o praticante deve reintegrar sua existência dualística na não dualidade do estado primordial pelo uso de práticas iogues e de visualização. O processo de desenvolver a visualização é chamado *kyerim*, e o trabalho com a ioga interna é chamado *dzogrim*. Significam, respectivamente, os estágios de desenvolvimento e completude. Através desses dois estágios, a visão cármica impura do indivíduo se transforma na dimensão pura ou "mandala" da divindade e, em cuja prática o mestre iniciou o discípulo. Mantras são recitados como parte deste processo — mantra sendo o som natural da dimensão da deidade, que assim funciona na prática como a chave vibracional para essa dimensão. É essencial receber a transmissão dos mantras de um mestre qualificado, ou estes não irão atuar.

Enquanto a ioga física não tinha papel importante no budismo Hinayana ou Mahayana, no budismo tântrico, também conhecido como Vajrayana, é um método fundamental para a realização. A forma indiana de *hatha* ioga é bem conhecida, mas, no entanto, a forma específica de ioga tibetana baseada nos tantras internos (ou tantras superiores nas outras escolas além da Nyingmapa) não é tão amplamente conhecida.

O *yantra* ioga, ao contrário do estático *hatha* ioga, é dinâmico, e trabalha com uma série de movimentos vinculados à respiração. *Trulkhor* em tibetano, ou *yantra* em sânscrito, significa "motor" ou "mecanismo". O termo sânscrito *yoga* foi traduzido para o tibetano como *naljor*, um termo composto do nome *nalwa* e do verbo *jorwa*. *Nalwa* significa "o estado natural, inalterado" de algo e *jorwa* significa "possuir". Assim, se unimos os termos *trulkhor* e *naljor*, podemos ver que o *yantra* ioga é um método para o indivíduo chegar a seu estado ou condição natural mediante o uso do corpo humano da mesma maneira que um mecanismo que, uma vez posto em movimento, produz um efeito específico.

Todos nós provavelmente já percebemos como nossas emoções e sensações se relacionam com a maneira como respiramos. Por exemplo, um padrão de respiração calmo, profundo, regular e relaxado acompanha um estado mental calmo e relaxado, enquanto um padrão respiratório tenso, irregular, superficial e rápido acompanha um estado dominado pela raiva ou ódio. Assim, cada estado mental tem seu padrão respiratório correspondente, e o *yantra* ioga trabalha com a respiração para regular a energia do indivíduo e, por fim, libertar a mente de condicionamentos.

Em muitos indivíduos, o corpo e a energia com frequência estão tão perturbados por tensões e distúrbios que mesmo se a pessoa se dedica completamente a trabalhar com a mente para entrar em contemplação, o progresso é difícil. *Yantra* ioga tem sua função como prática secundária no Dzogchen para superar tais obstáculos, e pode até ajudar o praticante a superar doenças físicas, assim como práticas específicas de movimento associado à respiração são às vezes prescritos por um médico tibetano como parte da cura.

É fácil de observar como várias posições do corpo influenciam o padrão respiratório individual. Quando alguém está sentado com o tronco do corpo flexionado ao meio e portanto fechado, obviamente a respiração será completamente diferente de quando se está em pé com os braços elevados acima da cabeça e a parte superior do corpo totalmente aberta. Portanto, para assegurar o controle preciso da respiração, e desse modo da energia, o *yantra* ioga trabalha com movimentos que usam as possibilidades de várias posições nas quais o corpo pode ser colocado. O que se almeja é a chamada respiração natural, uma forma de respirar não condicionada por fatores emocionais, físicos ou ambientais.

Muitas deidades tântricas são representadas em união com consortes, e essas formas são conhecidas como formas *yab-yum* ("pai--mãe"). Sua união representa a inseparabilidade do relativo e do absoluto, manifestação e vazio, método e sabedoria. Também simbolizam a união do que são chamadas energias "solar" e "lunar", dois polos da energia sutil que flui no sistema energético do corpo humano, chamado "mandala interna". Quando os circuitos positivos e negativos estão ligados a uma rede elétrica, a lâmpada pode ser acesa. Quando as energias solar e lunar do sistema de energia sutil do ser humano são conduzidas ao estado da não dualidade que desde o princípio era sua condição inerente, latente, o ser humano pode se tornar iluminado. Assim como no sistema taoísta chinês de filosofia *yin* e *yang* são vistos como dois princípios de energia fundamentalmente inseparáveis e constituintes mutuamente interdependentes de uma unidade totalmente integrada, também as energias solar e lunar são vistas como fundamentalmente não duais desde o princípio. Sua unidade fundamental é simbolizada pela sílaba sânscrita "EVAM", que também é um símbolo do princípio *yab-yum*.

O relacionamento chamado *karmamudra* ("ação-símbolo" ou "símbolo de ação") – a avançada prática iogue que usa a união sexual como método para alcançar a união das energias solar e lunar – é tanto a origem quanto a manifestação da imagem, tão prevalente na arte ritual, que simboliza a realidade como brincadeira bem-aventurada do vazio e da energia. Esse relacionamento é uma prática séria, e não apenas um modo de mascarar o erotismo como uma prática espiritual, ou uma forma sofisticada de desfrutar do contato sexual. Sua importância nos estados avançados da prática tântrica pode ser compreendida pelo ditado tântrico: "Sem *karmamudra* não há *mahamudra*."[27]

---

27 "Uma vez que alguém tenha alcançado um grau maior de ca-

Karmamudra não é uma prática principal no Dzogchen. No Dzogchen, a pessoa integra seu estado com qualquer experiência que encontre, permanecendo em contemplação e permitindo que o que quer que surja se autolibere (se libere de si mesmo). Se alguém participa de uma união sexual, considera-se uma oportunidade valiosa para a prática, porque a particular intensidade da sensação que surge na atividade erótica pode com frequência se distinguir claramente do estado de presença pura, ou *rigpa*, que a acompanha. Mas para um praticante dzogchen, esse modo de trabalhar com as sensações não se limita à atividade erótica.

No Dzogchen, aplicam-se práticas específicas a fim de criar uma variedade de sensações, de modo que o praticante esteja mais claramente capacitado a distinguir o estado de presença – que sempre permanece o mesmo – das sensações que mudam conforme a prática que está sendo realizada. Isso obviamente o habilita a "não permanecer em dúvida" sobre o que é o estado de pura presença. As práticas conhecidas como os "21 *semdzim*", encontradas na série do Dzogchen

---

lor meditativo, pratica vigorosamente a ioga do *karmamudra*, atingindo o grau mais elevado de "realização completa", ou seja, a experiência consumada que antecipa o verdadeiro estado de lucidez absoluta. Imediatamente após a pessoa sair da meditação no íntimo da presença constante desse estado, é obtida uma corporificação iluminada que é simplesmente a união da energia sutil e da mente do indivíduo. Tendo conseguido isso, a pessoa teve a experiência culminante no caminho do enlace.

Então, devido à ioga do *karmamudra*, o seu corpo físico impuro é transformado em um estado mais sutil e refinado. Uma vez que esse tenha se fundido na experiência do indivíduo com a corporificação iluminada que é simplesmente a união da energia sutil e da mente, essa é denominada "a corporificação *vajra* do corpo de arco-íris", ou "mestre da consciência". Não se considera que esse seja um corpo dentro de qualquer um dos três reinos. Entretanto, uma vez que falta ao indivíduo a experiência direta da verdadeira natureza dos fenômenos, ele ainda não é considerado um mestre da consciência que transcendeu o mundo ordinário. (Ver Jamgon Kongtrul, *The Treasury of Knowledge: Books Nine and Ten: Journey and Goal*, Snow Lion Publications, Ithaca, Nova York, 2010).

Mennagde ou Upadesha, têm esta função específica: capacitar o praticante a distinguir a mente racional ordinária da natureza da mente.

"Corpo *vajra*" é o nome dado ao corpo humano com sua mandala interna, ou sistema de energia sutil, quando é usado como base para a prática a fim de alcançar realização. A mandala interna consiste em três elementos. O primeiro é a rede estruturada de correntes energéticas sutis (que, em alguns casos, correspondem aos canais físicos, e em outros não possuem essa correspondência), chamados *nadis* em sânscrito, ou *tsa* em tibetano. O segundo é o fluxo de energia vital sutil pelo organismo, que está associado à respiração, e é chamado *vayu* ou *prana* em sânscrito e *lung* em tibetano. O terceiro é a energia sutil em sua forma essencial, que em tibetano é chamada *thigle* e em sânscrito é chamada *kundalini* ou *bindu*, e que não é algo separado do *prana* ou *lung*: *Thigle* é a verdadeira essência do *lung*. A sílaba sânscrita "EVAM".

(caligrafia de Namkhai Norbu)

É o trabalho feito com a mandala interna que torna as práticas tântricas do caminho da transformação de mais rápida realização do que as práticas dos sutras, e existem tipos diferentes de *yantra* relacionados aos muitos tantras do Mahayoga e suas várias práticas de *heruka* (*yidam* irado masculino, ver p.55 e figuras 4, 7, 9 e 10).

A função primária do *yantra* ioga é adquirir o domínio do *prana*, a energia vital do corpo, por meio de uma série de movimentos, ou *yantras*, que estão associados ao processo respiratório para controlar, coordenar e desenvolver o *prana*; e para ativar o *thigle* ou *kundalini*, a essência vital, por meio de *asanas*, ou posições associadas ao movimento. É a partir da mandala interna, ou sistema energético sutil, que o corpo físico se desenvolve. No processo de concepção, o fluxo de energia sutil anima e desenvolve o óvulo físico fertilizado no útero da mãe, causando o desenvolvimento do embrião e depois do feto. Desse modo, o correto desenvolvimento do feto depende do fluxo adequado de energia sutil. De forma análoga, através da vida do indivíduo, a saúde depende da correta circulação do *prana* e do equilíbrio dos elementos. Uma função secundária do *yantra* ioga, portanto, pode ser ajudar a manter o indivíduo saudável.

CANAIS E CHACRAS

De acordo com o Tantra, existem 72 mil canais sutis na mandala interna. Há os canais principais e os secundários, que se ramificam e se entrelaçam em um padrão semelhante ao de uma árvore, com um tronco principal, com raízes e galhos se abrindo a partir dele em configurações mais e mais delgadas. Os pontos onde os canais sutis se reúnem, como raios de uma roda em direção ao eixo, são chamados *chacras* em sânscrito ou *khorlo* em tibetano. Existem muitíssimos desses pontos, mas os principais são os encontrados ao longo do canal central, que é como o tronco principal da árvore na analogia acima. A essência do *prana*, *kundalini* ou *thigle* se concentra nesses chacras, em um canal sutil dentro da coluna vertebral chamado *gyungpa*. No nível do chacra umbilical, 64 canais se conectam; no chacra cardíaco, oito; no chacra da garganta, 16; e no chacra da cabeça, 32.

Em geral, diz-se que ao lado do canal central (*kundarma* ou *uma*) ficam dois outros canais maiores, um à direita e outro à esquerda, chamados respectivamente de *roma* e *kyangma* ou "canal solar" e "canal lunar". Eles se unem ao canal central na parte inferior do tronco e correm paralelamente a ele, em direção ascendente ao corpo, encurvando-se no topo acima do crânio, antes de se voltarem para baixo para se ligarem às narinas direita e esquerda. Esses três canais principais são mostrados em detalhe nos murais do templo secreto do Quinto Dalai Lama, que se encontram nas ilustrações incluídas neste livro.

Vários tantras dão instruções para a prática usando diferentes números de chacras. Entretanto, isso não significa que exista qualquer inconsistência entre eles; os tantras estão de acordo no que diz respeito à natureza do sistema energético sutil. Mas uma vez que práticas diferentes possuem objetivos específicos e variados, canais e chacras acionados para alcançar esses fins variam e na descrição de determinada prática, somente os seus canais particulares e chacras específicos são descritos. Se não se entende isso, pode parecer que tantras diferentes contradizem uns aos outros.[28]

---

[28] Ao comentar as diferentes descrições do sistema de canais a respeito da circulação de energia sutil em diferentes textos e práticas, Chögyal Namkhai Norbu explicou que esse sistema não possui existência "objetiva" no plano físico grosseiro, mas que não há dúvida de que existe no nível energético, porque as práticas que trabalham com ele produzem efeitos verificáveis. Desse modo, o sistema energético é visualizado de uma forma ou de outra conforme os efeitos pretendidos. O termo tibetano *uma* é usado em referência ao canal central quando visualizado iniciando na altura do umbigo, enquanto, em geral, ele é chamado *kundharma* quando visualizado descendo até o períneo.

Padmasambhava como Guru Amitayus, em união com sua consorte. Buda Amitayus, como emanação do Buda Amitabha, é o Buda da Longa Vida. A manifestação de Padmasambhava aqui retratada é visualizada em práticas desempenhadas para potencializar a força vital do praticante e assim aumentar seu tempo de vida, a fim de obter realização. Tanto o guru quanto sua consorte seguram na mão direita uma flecha (ou dadar) com um espelho (ou melong) e fitas de cinco cores que absorvem a energia dos cinco elementos, e, na mão esquerda, um vaso de longa vida. Em geral, formas yab-yum simbolizam a bem-aventurança da realização, a brincadeira da energia que se manifesta a partir da vacuidade da Base, e a inseparabilidade essencial do prazer e vazio.

(Desenho de Nigel Wellings.)

Uma vez que o *prana* e a mente estão conectados, o *prana* segue a mente quando guiado pela concentração; o *prana* se reúne quando a mente o concentra. Reciprocamente, podemos equilibrar e integrar a mente mediante o trabalho com o *prana*, pelo uso de padrões respiratórios controlados e movimentos que são associados à respiração. Há muitas espécies de *prana*, que dão sustentação a espécies diferentes de mente dualista. Enquanto o *prana* circula por muitos e diversos canais, essas mentes dualistas persistem. Mas quando o prana é trazido para dentro do canal central, sua natureza essencial — *thigle* ou *kundalini* — é ativada e entra nos canais. Nesse momento a mente dualista é superada e a realização é alcançada. Normalmente, a energia vital não entra no canal central, exceto no momento da morte ou durante o sono. Em condições habituais, somente a prática levará a energia vital a fazê-lo. Embora os vários tantras especifiquem chacras diferentes por onde o prana deve ser induzido a entrar no canal central, todos especificam que ele deverá ser introduzido ali.

Existem 108 práticas de *yantra* no sistema do tantra da "união do Sol e da Lua", incluindo cinco exercícios de afrouxamento para preparar os músculos e canais; cinco práticas, ou purificação e afrouxamento das articulações; oito movimentos principais; cinco grupos principais de cinco posições; cinquenta variações dessas 25 posições; sete lótus; e a onda *vajra*, que corrige todos os erros da prática.

Essas 108 práticas também incluem as nove respirações purificadoras, que são sempre praticadas antes de uma sessão de *yantra* ioga para eliminar todo o ar impuro do sistema. São muito benéficas antes de uma sessão de meditação de qualquer tipo. E a respiração rítmica, que serve para estabilizar e aprofundar a respiração, e para desenvolver a capacidade de retenção da respiração que é usada em *kumbhaka*, espécie de retenção fechada na qual o ar é sutilmente pressionado para baixo na região abdominal, sem incomodar o estômago, enquanto, ao mesmo tempo, é levantado de baixo para cima, focando e concentrando o *prana* antes de fazê-lo entrar no canal central.

Os oito movimentos principais, ou *yantras*, são uma série de movimentos encadeados, cada um servindo para guiar e assegurar um tipo particular de respiração. Ao associar a respiração ao movimento, o ritmo correto está garantido e as várias posições nas quais o corpo se move asseguram em cada caso o tipo correto e preciso de respiração. Os oito tipos de respiração são os seguintes: inspiração lenta; retenção aberta; *shil* (ou "pressão para baixo"); expiração rápida; inspiração rápida; retenção fechada; *dren* ("contração"); e expiração lenta. Em cada um dos oito movimentos, a respiração possui sete fases.

Nos cinco grupos principais de cinco posições ou *asanas*, cada um trabalha para desenvolver e estabilizar um aspecto particular da respiração, combinando os oito tipos de respiração com cinco métodos para fazer o *prana* entrar no canal central. O praticante não tem que dominar todas as 25 posições, uma de cada grupo sendo o suficiente, dependendo da capacidade do indivíduo e da condição de seu corpo. A respiração de cada um dos *asanas* possui sete fases.

Vairochana. A tradição particular de yantra ioga que ensino não pertence ao Vajraya-na, ou Tantra, mas ao Atiyoga ou Dzogchen, e foi uma das primeiras a serem introdu-zidas no Tibete. Está associada com o heruka Ngondzog Gyalpo, e é conhecida como "Yantra da união do Sol e da Lua".[29] O título se refere à reintegração das energias solar e lunar do sistema energético sutil. Foi escrito por Vairochana, o grande tradutor tibe-tano discípulo de Padmasambhava e Humkara,[30] no século VIII d.C., e até os dias de hoje conserva uma linhagem de transmissão ininterrupta, em Kham, no leste do Tibete. Foi sintetizado e ensinado extensivamente por Adzam Drugpa, e recebi a transmissão de seus discípulos diretos. (Xilogravura tibetana, artista desconhecido.)

---

29 Ver Namkhai Norbu, *Yantra Yoga, The Tibetan Yoga of Movement*, Snow Lion Publi-cations, Ithaca, Nova York, 2008. O livro contém o texto raiz de Vairochana e um comentário de Namkhai Norbu.

30 Humkara foi tanto professor quanto discípulo de Padmasambhava.

PRÁTICAS SECUNDÁRIAS

Yantra ioga é uma prática secundária. Ou seja, pertencente ao grupo de práticas que ajuda a ter acesso ao estado de contemplação, ou permite trabalhar com a contemplação em direção a uma capacidade particular, ou alcançar um objetivo específico, como curar a si mesmo ou a outros. A recitação de mantras, a visualização de deidades, todas as práticas de purificação ou de transformação podem ser utilizadas pelo praticante dzogchen, mas seu uso é secundário em relação à prática de contemplação. Um praticante dzogchen não é limitado e pode retirar de qualquer fonte aquilo que for útil, sempre que necessário. Mas não está nem um pouco interessado em fazer uma coleção de diferentes caminhos e tradições ou práticas. Quando se opera no plano relativo, todas as ações devem ser governadas por uma consciência relativa que distingue com clareza entre o que é útil e o que é mera distração.

O USO DO RITUAL

As pessoas com frequência me falam que não estão interessadas em práticas rituais, somente em meditação e contemplação. Mas embora seja verdade que práticas rituais são secundárias em relação à prática de contemplação no Dzogchen, através da concentração, do mantra e do *mudra*, um praticante pode ter contato com a energia de forma muito real e concreta. Talvez eu possa demonstrar com maior facilidade o que quero dizer com isso ao inserir aqui uma história sobre o que aconteceu durante a longa jornada que fiz quando parti do Tibete para a Índia, conforme a situação política em minha terra natal se deteriorava continuamente, e tive certeza que uma convulsão social estava prestes a acontecer.

Eu viajava a cavalo vindo do leste para a região central do Tibete, em uma caravana de quatro famílias que incluía cerca de trinta pessoas. Devido à presença das tropas chinesas, não usávamos as estradas normais, viajávamos por rotas secundárias. Nessas rotas, havia outro risco: muitos bandidos estavam tirando vantagem dos tempos confusos para roubar os grupos de viajantes. Tínhamos vários cavalos valiosos e, entre o perigo dos bandidos e o das tropas chinesas, nossa jornada seria muito difícil.

A certa altura, sabíamos que bandidos estavam nos seguindo e tivemos dois confrontos com eles. No primeiro, conseguiram roubar alguns cavalos nossos e, no segundo, capturamos dois dos bandidos. Descobrimos por eles que seus comparsas estavam planejando nos atacar com toda força, mas não sabíamos quando. No meio da vasta planície aberta por onde estávamos passando não havia lugar para se esconder. Senti que a única coisa a fazer era invocar a ajuda dos guardiões dos ensinamentos e, toda vez que parávamos para comer ou descansar, eu entrava em uma pequena tenda e realizava um ritual de invocação por horas.

O perigo aumentava diariamente e, poucos dias depois, à medida que eu me envolvia mais profundamente nessa prática, algo estranho começou a acontecer. Tive a impressão de ver faíscas saindo do grande tambor ritual enquanto eu o tocava. Logo pensei que deveria ser um problema com os meus olhos, uma alucinação ou talvez um fenômeno da fricção entre a baqueta e o tambor. Mas quando chamei minha irmã, ela também viu as faíscas no ar ao redor do tambor. Em seguida chamei meu irmão, depois meus pais e a caravana inteira. Todos viram as faíscas. Tínhamos certeza de que era um sinal de que os bandidos iriam atacar naquela noite, então amarramos os cavalos bem longe do acampamento, enquanto todos ficaram acordados a noite inteira de guarda e prontos para a ação. Mas nenhum bandido apareceu.

Quando fiz a prática no dia seguinte, as faíscas estavam lá da mesma forma que antes. Elas continuaram a se manifestar dia após dia por quase uma semana enquanto viajávamos, até que, certo dia, não vi nenhuma. Dessa vez tivemos certeza de que os bandidos iriam aparecer e preparamos nossas defesas com grande cuidado. Como esperado, fomos atacados pelo bando completo. Mas o fator surpresa estava do nosso lado e fomos capazes de afugentá-los sem baixas em nosso grupo. Daí em diante, eles nos deixaram em paz e viajamos em segurança para o centro do Tibete. Como é possível ver, até mesmo práticas secundárias podem trazer vantagens bem claras.

GUARDIÕES DOS ENSINAMENTOS

Existem oito classes principais de guardiões, cada uma com muitas subdivisões. Alguns são seres altamente realizados, outros sem nenhuma realização. Cada lugar — cada continente, país, cidade, montanha, rio, lago ou floresta — tem sua energia dominante particular, ou guardião. O mesmo vale para cada ano, hora e até minuto: essas não são energias altamente evoluídas. Todos os diversos ensinamentos possuem energias que guardam relação especial com eles: são esses os guardiões mais realizados. Essas energias são retratadas iconograficamente da maneira como foram percebidas pelos mestres quando se manifestaram. Seu poder aterrador é representado por suas formas terrivelmente ferozes, muitos braços e cabeças e ornamentos de cemitério. Assim como acontece com todas as figuras na iconografia tântrica, não é correto interpretar as imagens dos guardiões como meros símbolos, como alguns escritores ocidentais têm sido tentados a fazer. Embora as formas iconográficas tenham sido moldadas pelas percepções e pela cultura daqueles que viram a manifestação original, e pelo desenvolvimento da tradição, seres de verdade são representados.

As práticas – pertencentes ao Semde – de *shiné*, que envolve fixação para conduzir ao estado calmo, e *lhagthong*, que capacitam a pessoa a dissolver a atividade mental de manutenção desse estado de quietude para que ela possa trabalhar com o surgimento dos pensamentos, são práticas de meditação, não de contemplação. Contudo, são consideradas práticas principais, pois servem para conduzir a pessoa ao estado de contemplação; mas não são em si mesmas a prática real do Dzogchen, porque a prática se torna Dzogchen de verdade apenas quando se chega ao nível de contemplação não dual. Práticas de *shiné* e *lhagthong*, embora não exatamente iguais àquelas encontradas no Semde, são encontradas em todas as escolas budistas.

PRÁTICAS PRINCIPAIS

Uma vez que se tenha chegado ao estado de contemplação não dual – por qualquer meio de qualquer uma das três séries – a pessoa conhecerá por si o seu sabor e não estará mais em dúvida a respeito do que é. Ela deve continuar em contemplação. Essa continuação tem dois níveis de prática, *tregchöd* e *thögal*, ambos práticas principais que são apresentadas no Mennagde.

Entretanto, o Mennagde não é algo que somente pode ser praticado depois das práticas do Semde e do Longde. Ao contrário, é um ensinamento completo em si mesmo, que tem suas próprias práticas secundárias de purificação e preparação. Uma delas é o *rushen*, cujo objetivo é nos capacitar a distinguir a mente

RUSHEN

da natureza da mente, "separando-as"; e os 21 principais *semdzins*, que trabalham com um amplo leque de métodos, incluindo fixação, respiração, diferentes posturas corporais, sons e assim por diante, para conduzir a pessoa ao estado de contemplação.

TREGCHÖD E THÖDGAL

Uma vez que se tenha chegado à contemplação através de qualquer método, a pessoa tem que continuar neste estado. O trabalho para garantir essa continuidade em todas as ações é chamado *tregchöd*, que significa literalmente "cortar (espontâneo) da tensão". Tão logo o estado primordial se manifesta e o dualismo é superado, o indivíduo cai de maneira instantânea em um estado de relaxamento total, como um feixe de gravetos que, tendo sido amarrado bem apertado, solta-se em um padrão totalmente relaxado logo que o cordão que o prende é cortado.

Prosseguindo além do *tregchöd*, há a prática de *thödgal*, que significa "ultrapassando o supremo", com o sentido de que "tão logo você está aqui, você já está lá". Essa prática é genuinamente secreta e não seria apropriado fazer mais do que uma descrição bastante elementar dela. *Thödgal* é encontrado somente no ensinamento Dzogchen. Através da sua prática, a pessoa se torna capaz de conduzir seu estado de existência rapidamente à meta final.

Pelo desenvolvimento das quatro luzes, as quatro visões de *thödgal* surgem. Trabalhando com a inseparabilidade da visão e da vacuidade, a pessoa prossegue até que a realização do corpo de luz seja obtida. Esta é a consumação da existência, na qual o próprio corpo físico se dissolve na essência dos elementos, que é luz.

Vamos discutir isso mais tarde, quando chegarmos à seção deste livro que trata do Fruto, ou realização. Mas para que a prática de *thödgal* funcione, antes a prática de *tregchöd* deve ser perfeita. O praticante deve ser capaz de permanecer no estado de contemplação o tempo todo.

Embora eu, por exemplo, tivesse recebido instruções sobre a prática de *thödgal* de Changchub Dorje quando estava com ele no Tibete, foi somente muitos anos depois que comecei de verdade a colocá-las em prática. Eu simplesmente não achava que tinha desenvolvido capacidade suficiente. Mas, certa noite, depois de já estar morando na Itália e ensinando na universidade há muitos anos, tive um sonho. Como acontece com frequência em meus sonhos, retornei para visitar meu mestre Changchub Dorje no Tibete. Nessa ocasião, ele me cumprimentou e disse:

— Ah, então você voltou da Itália, não é?

— Sim — respondi — mas tenho que voltar direto para lá outra vez.

Eu disse isso porque estava um pouco preocupado com o que aconteceria se as autoridades chinesas me encontrassem no Tibete sem autorização.

Então meu mestre me perguntou como minha prática estava progredindo. Eu respondi que pensava que estava indo bem e ele me perguntou:

— Qual é a prática que você mais faz?

— *Tregchöd* ainda — respondi.

— Até agora se concentrando em *tregchöd*! — exclamou. — Ainda não começou a praticar *thödgal*?

Respondi que não, lembrando que ele mesmo sempre tinha me dito que primeiro era preciso se estabelecer bem no *tregchöd*.

— Sim, mas eu não disse pra você passar a vida inteira praticando isso; já é hora de você praticar *thödgal*. Se tiver qualquer dúvida, vá perguntar a Jigmed Lingpa.

Pensei que isso era uma coisa muito estranha de se dizer, porque eu sabia, é claro, que Jigme Lingpa era um grande mestre dzogchen do século XVIII, que havia morrido há muitos anos. Pensei que talvez tivesse entendido mal o que o mestre havia dito, por isso lhe pedi para explicar, mas ele só falou:

— Jigme Lingpa está lá em cima, na montanha atrás da casa. Vá agora mesmo se encontrar com ele.

Atrás da casa onde meu mestre morava havia uma alta montanha rochosa e ele me disse que eu deveria subir até o topo, em um lugar onde havia uma caverna. Lá eu encontraria Jigme Lingpa. Mas essa instrução me deixou perplexo — pois eu conhecia essa montanha muito bem, já a havia escalado muitas vezes para colher ervas medicinais enquanto vivia com meu mestre e, durante todo aquele tempo, nunca tinha visto uma caverna lá. Então pensei: "Bem, isso é muito estranho, não acho que haja caverna alguma por ali.", mas o que eu disse em voz alta foi:

— Por onde é melhor subir para chegar nessa caverna?

De fato, havia dois caminhos para subir a montanha, mas o mestre apenas ordenou:

— Suba direto daqui em diante! Vá em frente, vá agora! E quando encontrar Jigme Lingpa, peça que ele esclareça todas as dúvidas que tiver sobre *thödgal*. Então pratique.

Eu queria fazer mais perguntas, mas sabia que não era possível, porque o mestre podia ficar muito bravo se provocado e eu tinha medo que ele me desse uma bronca se eu insistisse. Então concordei:

— Está bem, já vou.

Então, no sonho, subi a montanha bem atrás da casa. Não havia caminho algum e a face do rochedo era lisa demais, mas consegui subir. A certa altura, notei que havia o que à primeira vista pareciam mantras talhados na rocha, da maneira típica como os tibetanos com frequência gravam sobre essas superfícies. Mas, quando olhei de perto para ver que tipo de mantras seriam, vi que não eram o que eu pensava. Li algumas frases das palavras gravadas e descobri que ali estava escrito um tantra inteiro. Um tantra dzogchen, assim me parecia. Por isso, em seguida pensei: "Essa ação não é boa! Estou caminhando sobre um tantra!" e comecei a recitar o "mantra de cem sílabas" de Vajrasattva para purificar minha ação negativa, enquanto continuava subindo.

Naquele momento, cheguei a um grande pedregulho que se erguia da face do rochedo e descobri que o título do tantra estava escrito nele com muita clareza. Depois, no estado de vigília, descobri que o título era o nome de um *terma* (ou "tesouro escondido") do Upadesha, a série Mennagde do ensinamento Dzogchen. Mas no sonho daquela noite eu continuei subindo para além do pedregulho, até chegar a uma campina plana, onde podia ver à distância uma grande formação rochosa. Andei devagar sobre essas rochas e, para minha grande surpresa, procurando entre elas, realmente encontrei uma caverna. Embora ainda não estivesse convencido de que Jigme Linpa estaria ali, entrei com cuidado.

Uma vez lá dentro, olhei ao meu redor e vi que a caverna era bem grande – o suficiente para haver em seu interior uma grande rocha no meio. Nessa rocha estava sentada uma criança bem pequena que vestia uma roupa azul clara, feita com tecido transparente semelhante ao que se usa no Ocidente para fazer camisolas. A criança tinha o cabelo bem comprido e estava sentada de forma bastante normal, com as pernas esticadas à sua frente e não em posição de prática ou meditação. Subi na grande rocha branca e olhei à direita e à esquerda para ver se alguém mais estaria ali, mas não havia mais ninguém na caverna.

Pensei comigo: "Esse não pode ser Jigme Linpga, porque é só uma criança bem nova", e devagar me aproximei dela. A criança parecia tão espantada ao me ver quanto eu em vê-la. Mas, uma vez que meu mestre havia me enviado especificamente para encontrar Jigme

Linpa e não havia mais ninguém na caverna, concluí que ele devia ser o menino e eu deveria ser respeitoso. Como ele continuava apenas olhando para mim, eu disse com grande respeito:

— Meu mestre me mandou para encontrar você.

Então, com um sinal — mas ainda sem falar — o menino indicou que eu deveria me sentar. Como ele não falou, eu também não disse mais nada, mas enquanto eu me sentava, me perguntei o que ele faria em seguida.

O que ele fez de fato foi colocar a mão no alto de sua cabeça — seu longo cabelo não estava preso de nenhuma maneira especial, apenas estava solto — e retirou um papel enrolado que se parecia um pouco com um cigarro. Ele abriu esse pequeno rolo de papel e começou a ler em voz alta. Eu fiquei surpreso que sua voz fosse mesmo a voz de uma criança. Mas enquanto ele lia, ficou claro para mim que se tratava de um tantra e pensei comigo: "Então realmente havia algo naquilo que meu mestre disse quando me mandou subir até aqui e encontrar Jigme Lingpa!" As palavras que ele lia eram todas sobre as quatro luzes de *thödgal*. Fiquei realmente espantado, e naquele momento despertei e me encontrava em meu apartamento na Itália. Eu sabia que era o tempo de começar a praticar *thödgal*.

Sinais dessa espécie com frequência se manifestam a partir da claridade de alguém, quando seu mestre não está presente para dar instruções e conselhos pessoalmente, mas é importante não confundir fantasia com verdadeira claridade. A fantasia é a visão impura e surge a partir de traços cármicos no fluxo condicionado de consciência do indivíduo, ao passo que a claridade é uma manifestação da visão pura. Começar a praticar thödgal prematuramente ou no tempo equivocado, sem desenvolvimento suficiente de *tregchöd*, com certeza vai causar sérios obstáculos no caminho. A melhor proteção contra isso é a orientação de um mestre qualificado e a confiança completa do discípulo nas instruções dele.

O Dzogchen é considerado um ensinamento muito elevado, contendo práticas que conduzem diretamente a uma realização tão completa quanto o corpo de luz. Ninguém, em qualquer das escolas budistas, nega que o Dzogchen seja um ensinamento elevado, até mesmo o mais elevado. Mas o que dizem é que seria elevado demais — de fato, além da capacidade das pessoas comuns — e falam dele quase como se só pudesse ser praticado por seres realizados. Mas se um ser é realizado de verdade, não precisa de nenhum caminho.

De acordo com textos do próprio Dzogchen, há apenas cinco capacidades que alguém deve ter para poder praticá-lo e, se alguém se examina e descobre que essas cinco capacidades não estão faltando, então nada lhe falta. E, caso alguma destas capacidades esteja ausente, pode-se começar a trabalhar para desenvolvê-la. Mas na maioria das pessoas elas provavelmente estarão presentes.

Cinco capacidades necessárias para a prática do Dzogchen

Participação

Isso significa que se deve ter um desejo de ouvir e entender o ensinamento. Mais que isso, significa que a pessoa oferece ativamente cooperação total para trabalhar em conjunto com o mestre. Não é só o mestre que explica, o discípulo também é exigido.

Diligência

Significa que se deve ser consistente em sua participação, e não oscilar em seu compromisso, mudando de opinião de um dia para o outro e continuamente protelando a ideia de fazer alguma coisa.

Consciência presente

Isso significa que a pessoa não deve se distrair. Deve-se permanecer presente no momento, a cada momento. Não adianta saber toda a teoria do ensinamento e mesmo assim viver distraído de forma comum.

Prática propriamente dita

Deve-se efetivamente entrar no estado de contemplação. Não é suficiente apenas saber como praticar; o indivíduo deve se engajar de modo efetivo na prática. Isso é ingressar no caminho de sabedoria.

Jigmed Lingpa (1729–1798) foi um grande mestre dzogchen da escola Nyingmapa que viveu no leste do Tibete. Era a reencarnação de Vimalamitra, o grande mestre dzogchen do século VIII, que se tornou o professor oficial do rei tibetano Trisong Deutsen. Jigmed Lingpa concretizou a renascença dos ensinamentos iniciada por Longchen Rabjampa (1308–1363), de quem teve diversas visões durante toda a sua vida. Ele nunca realizou qualquer estudo acadêmico formal, mas, ao concluir um retiro solitário de cinco anos, manifestou conhecimento tão vasto através de sua claridade que se tornou universalmente reconhecido como um grande erudito. Editou e compilou o Longchen Nyingthig e deixou nove volumes de obras reunidas, incluindo textos conceituados sobre história tibetana e medicina, e um texto sobre as propriedades curativas de pedras preciosas quando usadas próximas da pele. Inspirou o desenvolvimento do movimento Rimed, ou ecumênico, que surgiu no leste do Tibete para encorajar as várias escolas tibetanas a uma colaboração mais harmoniosa, pois o sectarismo estava aprofundando as discordâncias entre elas. (Xilogravura tibetana, artista desconhecido.)

Ekajati, cujo nome significa "um único nascimento", é a principal guardiã do ensinamento Dzogchen. Ela se manifesta com um único olho, um único dente, uma única mecha de cabelo e um único seio. Uma personificação da natureza essencialmente não dual da energia primordial, ela não permite que a dualidade se desenvolva. É vista dançando sobre o cadáver do ego conquistado, vestindo (como Simhamukha) uma pele humana, além de uma coroa de cinco crânios, representando as cinco paixões que foram superadas e que podem ser usadas como ornamentos. Ela usa um colar de crânios humanos e empunha com uma das mãos, como um cetro, o cadáver de um deturpador dos ensinamentos. Com a outra mão, agarra um demônio subjugado e o coração de um inimigo. (Xilogravura tibetana, artista desconhecido.)

Essa xilogravura tibetana mostra Dorje Legpa, outro dos guardiões principais do Dzogchen, montado em um leão. Frequentemente, ele também é representado montado em uma cabra. Dorje Legpa, que significa "bondade vajra", era um guardião e se manifestou para se opor aos esforços de Padmasambhava em estabelecer o ensinamento budista no Tibete. Padmasambhava o dominou e fez com que jurasse proteger os ensinamentos. Assim, ele às vezes é conhecido como o "comprometido por juramento". Como sua energia é menos esmagadora que a de Rahula, ele pode ser abordado para auxílio em assuntos relativamente mundanos, enquanto Ekajati e Rahula apenas se ocupam com assuntos estritamente relacionados aos ensinamentos e à realização. (Artista desconhecido.)

Os guardiões da classe de Mahakala são os principais protetores de muitos ensinamentos. São guardiões secundários do ensinamento Dzogchen. Existem muitos tipos de mahakalas, governados por um mahakala principal, Maning. São masculinos. Embora existam também mahakalis femininas, elas estão sob o domínio dos mahakalas. Somente o ensinamento Dzogchen, no qual o princípio feminino da energia é de tão grande importância, tem uma protetora feminina, Ekajati, como guardiã principal. (Xilogravura tibetana, artista desconhecido.)

Rahula é outro dos principais guardiões do ensinamento Dzogchen. A parte inferior de seu corpo é semelhante ao de uma serpente, enquanto a parte superior é coberta de olhos. Os olhos somados de suas nove cabeças simbolizam sua habilidade de ver em todas as direções. O arco e a flecha estão prontos para golpear os inimigos, e suas bocas estão prontas para devorar a ignorância.

Nessa xilogravura, ele é mostrado circundado por chamas de alta energia, como são todos os guardiões, mas o poder de Rahula é tão intenso que, a menos que o praticante já tenha desenvolvido considerável maestria, pode ser um aliado perigoso com poder potencialmente sobrepujante se não for abordado da maneira adequada. (Xilogravura tibetana, artista desconhecido.)

No sentido absoluto, essa palavra sânscrita significa "conhecimento superior" ou "conhecimento transcendental". Entretanto, nesse caso, a condição indicada pelo termo é principalmente relativa e indica a posse da capacidade intelectual necessária para entender tudo o que for ensinado. Também implica a presença da perspicácia necessária para captar diretamente o que é apontado além das palavras, e ingressar efetivamente na dimensão de conhecimento transcendente que as palavras estão indicando. Desse modo, ganha-se acesso à própria sabedoria.

Esse "conhecimento transcendente", ou *prajña*, não é apenas um conhecimento intelectual. Como tenho sempre repetido, meu mestre Changchub Dorje, por exemplo, nunca recebeu educação intelectual; ainda assim, sua sabedoria e as qualidades que dela surgiam eram extraordinárias. Ele costumava se sentar todo dia no pátio fechado em frente à sua casa a fim de receber aqueles que vinham vê-lo para orientação médica ou aconselhamento espiritual. Ele nunca havia estudado medicina, mas seu conhecimento médico havia se manifestado espontaneamente a partir da grande claridade que tinha surgido de seu estado de contemplação, e tamanha era sua capacidade como curador que as pessoas vinham de todos os lugares para serem tratadas por ele. Descobri pessoalmente essa claridade pela participação em um processo que era outra extraordinária manifestação dela.

Depois de estar há apenas uns poucos dias com Changchub Dorje, ele me pediu para escrever o que ele ditasse. Eu sabia que ele não tinha aprendido a ler e escrever e, como eu podia escrever bem, naturalmente concordei em ser útil de qualquer forma possível, sem pensar muito a respeito. Eu costumava me sentar à mesa, dentro da casa, e por uma vidraça aberta de uma janela composta por quatro vidraças feitas de chifre (em lugar de vidro), eu podia tanto ver quanto ouvir o mestre lá fora no pátio, onde ele geralmente estava ocupado com seus pacientes e discípulos. No meio de todo aquele burburinho que o rodeava, ele começava a ditar para mim, sem hesitar nem por um momento sobre o que estava prestes a dizer. Então ele parava o ditado, o tempo todo continuando seu trabalho, enquanto eu terminava de escrever o que ele havia dito. Quando o texto estivesse pronto, eu gritava para avisar que havia terminado. Ele interrompia a conversa com aqueles que tinham ido vê-lo e, sem pausa alguma, começava a ditar mais algumas linhas, às vezes em prosa, outras em verso. Mas nenhuma vez sequer ele precisava perguntar "onde eu estava mesmo?", "onde paramos?" ou coisa parecida. Ao contrário, com frequência era eu quem precisava pedir a ele para repetir algo que dissera e eu havia esquecido. À medida que prosseguíamos assim pelos primeiros dias, eu estava convencido, enquanto escrevia, de que os vários trechos fragmentados que ele ditava nunca assumiriam a forma global de parágrafos e capítulos propriamente ditos. Mas toda noite eu voltava para o meu quarto e lia do início ao fim o que tinha anotado daquela forma desconexa na qual havia recebido o ditado, e sempre descobria que tudo fluía com uma continuidade completa, como um texto intelectual perfeitamente concebido e escrito. Essa é, de fato, a maneira pela qual um *gongter* (*terma da mente*) sempre se manifesta. Nas semanas seguintes, completamos um grande volume trabalhando assim e depois vi alguns dos mais de vinte volumes que haviam sido ditados de modo semelhante para seus outros discípulos.

Tudo o que surge
não é em essência mais real
que um reflexo,
transparentemente puro e claro,
além de definições ou explicações lógicas.
Contudo, as sementes de ação passada,

o carma, continuam a causar

mais surgimentos.

Mesmo assim,

saiba que tudo o que existe

é em última análise vazio de existência própria,

completamente não dual!

Essas palavras de Buda são uma explicação perfeita do
Dzogchen.

Chödpa: conduta ou atitude

O último dos três aspectos do Caminho é *chödpa*, que significa "conduta" ou "atitude". Esse é um aspecto muito importante do Dzogchen, porque é dessa maneira que levamos a prática para a vida diária, de forma que não haja separação entre a prática e qualquer outra atividade em que alguém se engaje.

A consciência absoluta, espontânea, não dual do estado primordial, experimentada em contemplação, é autoperfeita e, assim, além de todo esforço. Nesse estado não há nada para praticar, nada que deva ser feito e nada que não possa ser feito. Mas toda vez que o indivíduo não estiver no estado de contemplação, deve aplicar esforço para reconhecer esse fato e propiciar um retorno à contemplação.

Até que o indivíduo seja capaz de viver em contemplação — no estado autoaperfeiçoado em que pensamentos e paixões são como "um ladrão em uma casa vazia" — ele precisará se treinar para não ficar distraído e governar sua conduta com consciência. Nesse caso, uma consciência que precisa da aplicação provisória de esforço, através do qual ele treinará a si mesmo para desenvolver a consciência não dual, sem esforço do estado primordial. Já vimos que esse tipo de consciência mantido pela aplicação de esforço é uma das cinco capacidades necessárias para praticar Dzogchen. A menos que se trate de um tipo de ser excepcional para quem o estado primordial surge de forma espontânea, primeiro a pessoa deve fazer um esforço para realmente estar presente e atenta o tempo todo.

Mas, uma vez que essa atenção esteja estabelecida, o praticante dzogchen pode desenvolver a consciência presente na vida diária, de forma que aquilo que de outro modo seria o próprio "veneno" da experiência dualista se torna o caminho para permanecer em contemplação além do dualismo. Da mesma maneira que a água corrente se congela em gelo sólido, o fluxo livre da energia primordial se solidifica pela ação de causa e efeito condicionados — a operação do carma do indivíduo — em um mundo aparentemente material e concreto. A "grande perfeição" da atitude (ou *chödpa*) do praticante torna possível o domínio das causas cármicas, de modo que elas se autoliberam assim que surgem.

Para que cada ação de corpo, voz ou mente se torne uma causa cármica primária perfeita, capaz de condicionar o indivíduo e produzir uma consequência cármica completa, todos esses três aspectos devem ocorrer: primeiro deve haver uma intenção para agir; então a ação em si deve ser levada a cabo; e finalmente, deve haver satisfação em ter completado a ação.

Causas cármicas primárias, boas ou más, são como sementes capazes de reproduzir as espécies de planta de onde vieram. Mas, assim como sementes precisam de causas secundárias tais como luz, umidade e ar para

CAUSAS CÁRMICAS PRIMÁRIAS E SECUNDÁRIAS

crescer, da mesma forma, as causas cármicas primárias remanescentes como traços de ações passadas no fluxo de consciência do indivíduo precisam de causas secundárias para estarem aptas a amadurecer em novas ações e situações da mesma espécie. Por meio da consciência ininterrupta, o praticante pode trabalhar com as causas secundárias que surgem como as condições que encontra em sua vida diária, de modo a evitar que as causas primárias do *samsara* se tornem frutos, enquanto, ao mesmo tempo, tudo o que for favorável à liberação seja favorecido, até que finalmente ele ou ela se torne estabelecido com tanta firmeza no estado primordial que seja impossível ser condicionado por qualquer experiência que possa surgir, boa ou má. Então pode-se dizer que o praticante atingiu a liberação total da existência condicionada.

TRÊS FATORES NECESSÁRIOS PARA PRODUZIR UMA CAUSA CÁRMICA PRIMÁRIA

Um praticante pode se desenvolver além do nível dualista do carma condicionado que divide as coisas em boas e ruins, e ser capaz de fazer todos os tipos de coisas que parecem chocantes do ponto de vista dualista e divisivo da visão cármica ordinária. Mas essa espécie de "comportamento autêntico" não é absolutamente o mesmo que permanecer distraidamente enredado no dualismo e fazer tudo o que vier à cabeça. Essa espécie de comportamento distraído seria considerada a mais extrema violação do ideal do Dzogchen, a grande perfeição – a prática de contemplação não dual que se manifesta em uma vida espontânea na qual o desvelar das próprias energias pode ser apreciado por inteiro. Nem todos que praticam Dzogchen têm que viver como Drukpa Kunleg,[31] iogue tibetano famoso

---

31 Ver *The Divine Madman: The Sublime Life and Songs of Drukpa*

por sua louca sabedoria, que estava além do dualismo e de todos os limites, e que, portanto, nunca se comportava como os outros esperavam. Dezenas de histórias interessantes são contadas sobre ele até hoje, muitas hilariamente picantes.

Dzogchen não é uma mera licença. Quando um praticante não se encontra no estado de contemplação não dual, ele ou ela tem o compromisso de manter a presença da consciência – neste caso, "consciência" significando o tipo de atenção que está ciente dos efeitos e consequências das próprias ações. Como já sabemos, não obstante, isso não é o mesmo que viver por regras: a consciência substitui todas as regras e se torna a regra única no Dzogchen, pois um praticante nunca força a si mesmo ou a si mesma a fazer coisa alguma e nunca se submete a ser condicionado por algo "externo".

Entretanto, isso não significa que um praticante dzogchen não demonstre o menor respeito pelas regras segundo as quais outras pessoas vivem. Não se deve apenas andar por aí contrariando todo mundo, usando o Dzogchen como pretexto para justificar suas ações estranhas. Tanto a consciência não dual de *rigpa* – que é o ideal para um praticante dzogchen – quanto a consciência relativa que fazemos esforço para manter quando reconhecemos que não estamos no estado de contemplação, implica sermos conscientes de tudo, inclusive, é claro, das necessidades das outras pessoas. Porque, mesmo que a condição absoluta esteja além do bem e do mal, a condição relativa ainda continua a existir para nós enquanto permanecermos condicionados pelo dualismo, e devemos estar conscientes disso também. Mas podemos viver respeitando as condições que existem ao nosso redor sem ficarmos estreitamente ligados a elas. É esse o princípio da atitude (ou *chödpa*) de um praticante dzogchen.

Não se deve ser condicionado pelos próprios ensinamentos. Os ensinamentos existem para tornar a pessoa mais independente, não

---

Kunley, traduzido para o inglês por Keith Dowman, Rider, Londres, 1980.

Aqui, o principal mestre do autor, Changchub Dorje, está sentado no pátio fechado de sua casa em Derghe, leste do Tibete, esperando a chegada de pacientes e outros visitantes. Veste os robes de um leigo e usa um melong tradicional, um espelho feito de cinco metais preciosos, símbolo do Dzogchen, em uma corda ao redor do pescoço. Na mesa à sua frente, estão alguns sacos de medicamento, uma colher de medição e uma tigela de remédios. Atrás dele, à direita, dois grandes sacos de remédio e, acima, entrevisto por uma janela aberta, o autor se senta à mesa, pronto para escrever o ditado. (Desenho de Nigel Wellings.)

mais dependente. Um mestre dzogchen sempre vai tentar ajudar o discípulo a se tornar de verdade mais autônomo, a sair de todas as gaiolas, completamente. Embora o mestre certamente seja capaz, graças à sua grande claridade, de dar conselhos aos discípulos, mesmo a respeito de pormenores referentes ao cotidiano, ele sempre tentará ajudá-los a observarem a si mesmos e a tomarem decisões por consciência própria.

É claro que os mestres podem ser tanto homens quanto mulheres. Quando eu tinha catorze anos, passei dois meses com a grande mestra Ayu Khandro, que vivia a uma distância de alguns dias de cavalgada da minha faculdade. Como consideravam que ela tinha realização na prática de Vajrayogini e, portanto, seria uma personificação dessa *dakini*, fui mandado durante um recesso em meus estudos acadêmicos para pedir a ela uma iniciação de Vajrayogini. Era uma senhora de idade avançada, pouco conhecida. Havia vivido durante mais de cinquenta anos em uma casa pequena em total escuridão, trabalhando com uma prática conhecida como *yanthig*, que permite a alguém que já consegue permanecer no estado de contemplação prosseguir até a realização total, através do desenvolvimento de luminosidade interior e claridade visionária.

Quando cheguei à casa de Ayu Khandro, ficou claro que ela podia enxergar tão bem no escuro quanto na luz. Embora a sua assistente tivesse acendido lamparinas de manteiga por minha causa, eu sabia que Ayu Khandro não tinha a menor necessidade disso. Pela luz das lamparinas, eu vi os traços dessa velha senhora tão admirável. Seus longos cabelos, que pendiam em tranças muito abaixo da cintura, eram grisalhos da raiz até abaixo dos ombros, mas a partir dali eram negros até as pontas. Com certeza nunca haviam sido cortados. A princípio Ayu Khandro se recusou a me conceder a iniciação que eu havia pedido, dizendo que era apenas uma pobre e velha mulher que nada sabia sobre os ensinamentos. No entanto, sugeriu que pernoitássemos em um acampamento por perto. Durante a noite ela teve um sonho auspicioso, no qual foi encorajada pelo seu mestre a me dar a iniciação. Por isso, ao amanhecer, enviou sua assistente com café da manhã para minha mãe e minha irmã, e um convite para que eu fosse vê-la. Nas semanas seguintes, ela me transmitiu muitos ensinamentos, incluindo a prática completa de *yanthig*. Eu a considero um de meus principais mestres. Durante minha estadia, em resposta às minhas perguntas, ela me contou a história da sua vida, que mais tarde escrevi.[32]

Assim, *chopa*, ou conduta do praticante dzogchen, consiste em permanecer constante e ininterruptamente no estado de presença absoluta ou contemplação não dual, sem se deixar levar por pensamentos sobre o passado, preocupações com o presente ou planos para o futuro. Se a mente dualista surge e interrompe o estado de contemplação, e caso não se consiga recuperar imediatamente esse estado, deve-se manter a presença do tipo de consciência relativa que reconhece claramente as consequências de suas ações e as relaciona aos princípios dos ensinamentos. Cada vez que nos encontramos no plano relativo, dualista, devemos manter essa presença.

Isso não significa que alguém nunca deva fazer planos, mas que deve permanecer consciente de causas secundárias enquanto elas surgem e — ao contrário do pai do "Lua Famosa", o desafortunado herói de uma história tibetana que ilustra adequadamente o que pode acontecer quando não se está presente — a pes-

---

32 Essa curta biografia de Ayu Khandro escrita pelo autor foi publicada em *Women of Wisdom*, editado por Tsultrim Allione, Routledge & Kegan Paul, Londres, 1984.

soa deve se relacionar com as causas secundárias de maneira livre de apego e aversão, esperança e medo, e todas as complicações neuróticas conflitantes da mente deludida.

A história nos conta que havia um homem tão pobre que sua única forma de conseguir comida era ir de porta em porta pedindo aos mais afortunados que lhe dessem um pouco de cereal. Um dia estava com sorte: recebeu grande quantidade de grãos e foi para casa feliz. Sua casa era mesmo bem pequena e, como havia muitos ratos nela, ele decidiu pendurar seu precioso cereal em um saco suspenso por uma corda em uma viga do telhado, de modo que os ratos não pudessem alcançá-lo. Para passar a noite, ele se deitou em sua cama, que estava bem embaixo do saco, já que havia pouco espaço na casa. Como não conseguia dormir logo, começou a fazer planos mentalmente. Pensou consigo: "Não vou comer todo o grão do saco, vou reservar um pouco para usar como semente, plantar e cultivar mais cereal. Em um ano terei dez sacos e, um ano depois, terei cem." E continuou fazendo planos de como, ano após ano, teria mais sacos até ficar rico, e então pensou: "Não vou mais precisar morar nesta cabana minúscula, vou construir um palácio e ter muitos empregados para tomar conta de mim. Vou arrumar uma linda esposa e é claro que teremos filhos. Teremos primeiro um filho, tenho certeza, mas como ele vai se chamar?" E ficou lá deitado, tentando encontrar um nome para seu futuro filho. Pensou em muitos nomes, mas nenhum o agradou. Finalmente, uma lua clara e brilhante surgiu no céu escuro, e assim que ele a viu, exclamou para si mesmo:

— É isso! Seu nome vai ser "Lua Famosa"!

Mas, nesse exato momento, um rato que roía a corda que segurava o saco de cereal amarrado à viga acima dele finalmente rompeu a corda com o dente e o saco caiu na cabeça do pobre homem, matando-o na hora, de modo que nenhum de seus planos elaborados veio a acontecer. Vivendo em sonhos sobre o futuro, até o presente lhe escapuliu.

O Fruto

Se a intenção for boa, o Caminho e o Fruto serão bons.
Se a intenção for ruim, o Caminho e o Fruto serão ruins.
Como tudo depende de uma boa intenção,
sempre se esforce para cultivar essa atitude mental positiva.

Jigme Lingpa.

As divisões do ensinamento Dzogchen são feitas apenas para fins de exposição. A realização não é algo que deva ser construído; tornar--se realizado significa simplesmente descobrir e manifestar aquilo que desde o início tem sido nossa verdadeira condição: a Base, ou *zhi (gzhi)*. E, em particular no Dzogchen – que não é um caminho gradual – o Caminho consiste em permanecer na condição desvelada, manifesta do estado primordial, ou "Base". Em outras palavras, na condição que é o Fruto. É por isso que o *gankyil*, o símbolo da energia primordial, um símbolo particular do ensinamento Dzogchen, tem três partes que se espiralam, tornando-se essencialmente um. O *gankyil*, ou "roda de alegria", pode claramente ser visto a refletir a inseparabilidade e interdependência de todos os grupos de três no ensinamento Dzogchen, mas talvez mostre mais particularmente a inseparabilidade da Base, do Caminho e do Fruto. E como o Dzogchen, a grande perfeição, é essencialmente a indivisibilidade autoperfeita do estado primordial, naturalmente requer um símbolo não dual para representá-lo.

Por isso, o Caminho não é algo estritamente separado do Fruto; o processo de autoliberação se torna mais e mais profundo, até que a consciência deludida que estava inconsciente da Base — que sempre foi sua própria natureza — desaparece: é isso o que se chama de "Fruto". A palavra tibetana *sewa*, que significa "integrar" ou "misturar", é usada aqui porque a pessoa integra toda e qualquer experiência da vida cotidiana no estado de contemplação. Como no Dzogchen não há nada para mudar — nenhuma roupa especial para vestir e nada que possa ser visto do exterior — não há como saber se alguém está ou não praticando. A prática não depende absolutamente de formas exteriores; seu princípio é que tudo na situação relativa de alguém pode ser trazido para a prática e integrado com o estado de contemplação. Isso significa, contudo, que nossa contemplação deve ser precisa, porque, caso contrário, não haveria coisa alguma com o que integrar as experiências e ações da vida cotidiana. Isso está implícito no segundo dos três princípios de Garab Dorje, "não permanecer em dúvida": o praticante não tem mais qualquer dúvida a respeito da natureza de todos os fenômenos — que se revela na contemplação — porque a contemplação do praticante é extremamente precisa.

Então as três capacidades de *cherdrol*, *shardrol* e *rangdrol* se desenvolvem. Em cada caso, a terminação *drol* do nome significa "liberação", como no nome do famoso *Bardo thödrol*, que se traduz por "liberação através do ouvir no estado do *bardo*", mais conhecido hoje em dia como o "Livro tibetano dos mortos".

Gankyil, a roda de alegria

No *cherdrol*, o primeiro dos três, o processo de autoliberação ainda se apresenta com menor capacidade. *Cherdrol* significa "alguém observa e libera", e o exemplo dado é o da maneira como uma gota de orvalho se evapora quando o sol brilha sobre ela.[33] Mas

CHERDROL

---

33 Na "autoliberação pela observação do objeto" (*gcer-grol*), ao olhar diretamente para o pensamento discursivo, intuitivo ou supersutil que está presente em um dado momento, reconhece-se aquilo que o pensamento é na realidade (que também é aquilo que o sujeito mental na verdade é). Em outras palavras, o estado de conhecimento se manifesta por inteiro. Isso tem sido comparado ao reconhecimento de um velho amigo, porque aquilo que é assim reconhecido é a sua própria essência. A pessoa reconhece sua própria face original que antecede todas as formas — algo mais íntimo e mais próprio que o mais íntimo dos amigos. Esse reconhecimento não é o reconhecimento de um objeto em termos de um conceito ou ideia — ultrapassa completamente esse tipo de reconhecimento. Não é que alguém pense consigo mesmo: "o

o sol neste exemplo não representa um antídoto que deve ser aplicado a fim de neutralizar o veneno do dualismo. O conceito de aplicar um antídoto é estranho ao espírito do ensinamento Dzogchen. Em vez disso, o sol representa a manifestação do estado primordial, que natural e automaticamente resulta na autoliberação espontânea de tudo o que surge. Se a cada vez que o dualismo surgir, porque a pessoa se distraiu da contemplação, ela observar o pensamento distrativo a fim de compreender sua verdadeira natureza, então as trevas do dualismo se autoliberam no mesmo instante em que o pensamento é observado com clareza, e o estado primordial é mais uma vez revelado totalmente.

SHARDROL   *Shardrol* é uma capacidade mediana e é ilustrada pela imagem da neve derretendo no exato momento em que cai no oceano.[34] *Shardrol* significa "tão logo

---

pensamento ou conceito que agora se apresenta não é nada além da verdadeira condição ou natureza primordial de toda a existência", mas que o sujeito mental desaparece junto com o pensamento que tinha sido tomado como um objeto. Como a dualidade de sujeito e objeto desaparece instantaneamente, junto com a importância que normalmente atribuímos à nossa experiência, as tensões que em geral enredam nossa existência são cortadas instantaneamente, como um cordão que amarra um feixe de madeira. Tão logo isso acontece, o estado primordial se manifesta na forma de relaxamento absoluto. Esse modo ou capacidade de liberação é ilustrado pela imagem do "reconhecimento de um velho amigo" em muitos textos do Dzogchen, sendo indicado pelas palavras "*namtok no she pe drolwa*" (*rnam-rtog ngo-shes-pas grol-ba*).

34 Este tipo de capacidade de autoliberação (shardrol, shar-grol) não se manifesta através da observação de um pensamento ou conceito sutil que já tenha sido estabelecido como um "objeto" em relação a si mesmo como sujeito observador: Shardrol é menos intencional e mais imediato que isso. Enquanto o pensamento

surge, se autolibera" e a neve aqui representa todos os diversos tipos de contato dos sentidos, ou paixões baseadas no dualismo. Tão logo ocorra qualquer tipo de contato sensorial, ele se autolibera, mesmo sem necessidade de esforço para manter a consciência. Até as paixões – que condicionariam quem não alcançou esse nível de prática – podem simplesmente ser deixadas assim como são. Por isso se diz que todas as paixões da pessoa, todas as suas visões cármicas tornam--se como ornamentos no Dzogchen, porque, sem ser condicionada por elas, sem se apegar, a pessoa simplesmente as aprecia como o desvelar de sua própria energia, que é o que são. É por isso que determinadas divindades tântricas usam como ornamento uma coroa de cinco crânios que representam as cinco paixões que foram superadas.

A capacidade mais avançada de autoliberação é chamada *rangdrol*, que significa "de si mesmo se autolibera", e o exemplo usado é o da rapidez e facilidade de uma cobra desenrolando um nó feito com seu próprio corpo.[35] Isso é completamente não dual e tudo de uma só

começa a surgir e está em vias de se tornar um objeto em relação ao sujeito que o percebe, há um movimento espontâneo de atenção que se dissolve na autoliberação do que quer que esteja se estabelecendo. Neste caso, a autoliberação da delusão não pode ser comparada com o cortar do cordão que amarrava o feixe de madeira. Aqui o cordão – que representa a tensão inerente à dualidade sujeito-objeto e à importância dada à própria experiência – se rompe precisamente no momento em que estava sendo amarrado. Talvez um exemplo melhor para este tipo de autoliberação possa ser uma corda amarrada com um nó que se desfaz sozinho tão logo a corda é puxada. Mas é preciso deixar claro que neste caso o nó se desfaz naturalmente em vez de ser desamarrado como resultado de uma ação intencional, autoconsciente. Essa modalidade ou capacidade de liberação, ilustrada pela imagem de "uma cobra que espontaneamente desfaz um nó em seu corpo", é indicada em muitos textos dzogchen pelas palavras "*namtok rangyi rangdrol*" ("*rnam-rtog rang-gis rang-grol*").

35 É essa a autoliberação totalmente livre tanto da ação quanto da reação (*rang-grol*), que acontece no exato momento em que toda experiência surge: tudo o que surge se autolibera da mesma maneira que um desenho feito na água imediatamente desaparece por si mesmo. Aqui não é exigida nenhuma ação intencional do sujeito (como no *cherdrol*), nenhuma reação espontânea do sujeito (como no

vez, autoliberação instantânea. Aqui a separação ilusória de sujeito e objeto desaba, e sua visão habitual, a gaiola limitada, a armadilha do ego, se alarga na visão ampla daquilo que é. O pássaro está livre e enfim pode voar sem obstáculos. Pode-se entrar e apreciar a dança e o desvelar das energias, sem restrições.

Dizem que o desenvolvimento dessa visão se espalha como um incêndio florestal, até que a sensação de um sujeito desaparece por conta própria. A pessoa vivencia a sabedoria primordial na qual, tão logo um objeto aparece, ela reconhece sua vacuidade como sendo igual ao vazio de seu próprio estado. A inseparabilidade de vacuidade e visão, e a presença do estado e a vacuidade são vivenciadas todas juntas. Pode-se dizer que tudo tem "o mesmo gosto", que é a vacuidade tanto do sujeito quanto do objeto. O dualismo está completamente superado. Dois estados ainda coexistem: por um lado, a manifestação do desvelar da energia, que no estado

---

shardrol). O que surgir se autolibera de si mesmo, sem a necessidade de alguém o liberar. A corda nunca começa a ser amarrada; vazio e aparências se manifestam ao mesmo tempo. O praticante é como um espelho que pode refletir livremente tudo o que se apresenta, sem que os reflexos nele se afixem ou deixem qualquer traço. A imagem refletida se autolibera no mesmo momento em que aparece. Como não há mais um sujeito mental que possa ser afetado por qualquer coisa que se manifeste, dizem que nesse estágio as paixões e tudo aquilo que possa surgir são como um ladrão em uma casa vazia. Quando alguém manifesta essa capacidade suprema de autoliberação, é essa a realização do *tregchöd* (*khregs-chod*). Essa modalidade ou capacidade de liberação, ilustrada pela imagem do "ladrão em uma casa vazia", é indicada em muitos textos dzogchen pelas palavras "*namtok penme nömedu drolwa*" ("*ram-rtog phan-med gnod-med-du grol-ba*").

dualista tomamos por objetos; por outro, a capacidade cognitiva, que no estado dualista confundimos com um sujeito separado, por causa da contemplação. A diferença é que já não experimentamos a ilusão de dualismo entre um e outro. É esse o estado indicado no último dos "Seis versos *vajra*":

Vendo que tudo é autoperfeito desde o
princípio,
a doença do esforço por qualquer realização
chega ao fim por si mesma,
e apenas permanecendo no estado natural
assim como é,
a presença da contemplação não dual
surge contínua e espontaneamente.

À medida que a realização se aprofunda e aumenta, certas capacidades podem começar a se manifestar. Mas para entender plenamente essas capacidades, é preciso entender como a ilusão do dualismo é sustentada pela polaridade sujeito-objeto. Esta polaridade se manifesta na percepção sensorial, que o ensinamento budista analisa em termos de seis consciências dos sentidos (ou capacidades sensoriais) e seis tipos de objetos sensoriais. Isso significa, por exemplo, que o sentido da visão surge de modo interdependente (ou coemergente) com a percepção da forma visual como um objeto. Essa análise pode ser aplicada a cada um dos sentidos, até o último dos seis, que é considerado o surgimento interdependente da mente e da existência, aquilo que se vivencia como sua realidade.

A INTERDEPEN-DÊNCIA DE SUJEITO E OBJETO: COMO OS SENTIDOS SUSTENTAM A ILUSÃO DO DUALISMO

Através da compreensão do surgimento inter-dependente de cada sentido e seu respectivo objeto, pode-se entender como a ilusão da dualidade se autos-sustenta. O sujeito implicitamente implica o objeto, o objeto implicitamente implica o sujeito em cada um dos sentidos. Afinal, todos eles, inclusive a mente, criam juntos a ilusão de um mundo externo separado do sujeito que o percebe.[36] Mas a melhor forma de entender isso é pela auto-observação: observando a própria mente, na prática, e vendo por si mesmo como os pensamentos surgem como ondas, e como os sentidos operam em relação à impressão de ser um eu separado. Como disse o próprio Buda Shakyamuni:

> *Entrar em contemplação pelo tempo que leva*
> *para uma formiga andar de uma extremidade*
> *do nariz à outra*
> *trará mais progresso em direção à realização*
> *do que uma vida inteira dedicada ao*
> *acúmulo de boas ações (mérito).*

Com o avanço da prática, todos os pensamentos e todas as conceitualizações dualistas referentes às sensações de todos os sentidos se autoliberam. A ilusão do dualismo se dissolve, a separação aparente de

OS CINCO NGÖNSHES

---

36 No ensinamento Dzogchen, há muitas explicações a respeito da maneira pela qual o *samsara* surge a partir da Base — entendendo a Base como a experiência indiferenciada da qual tanto o *samsara* quanto o nirvana podem ativamente surgir. Nessas explicações, antes do surgimento de objetos como tais, surgem ali tanto uma "disposição para perceber" quanto um "autointeresse", que são os precedentes diretos do que mais tarde emergirá como o sujeito mental.

um sujeito mental e seu objeto desaparecem e, como resultado, os cinco *ngönshes* — formas superiores de consciência —, podem se manifestar no praticante. Esses não devem ser procurados por interesse pessoal. Devem surgir à medida que o praticante progride, como um subproduto, e não devem ser considerados seu objetivo.

O primeiro deles é o dos olhos, a visão. É chamado "verdadeiro conhecimento dos olhos das divindades", porque em geral pensamos nas divindades como seres com capacidade superior à nossa. Isso significa que a pessoa desenvolve a capacidade, por exemplo, de ver coisas a despeito da distância. Pode-se ver coisas até quando estão atrás de outros objetos que ficam no caminho da nossa visão normal.

Em seguida, há uma capacidade semelhante com respeito à audição — o "conhecimento verdadeiro da audição", ou "ouvir com os ouvidos das divindades". A pessoa é capaz de ouvir todos os sons, apesar da distância, sejam altos ou baixos e assim por diante.

A terceira capacidade é o conhecimento da mente dos outros, em outras palavras, ser capaz de ler os pensamentos das outras pessoas. O indivíduo é constituído de corpo, voz e mente. O que se vê com os olhos é basicamente a forma física ou corpo, enquanto a capacidade de ouvir está relacionada com a voz, energia, som. Corpo e voz são mais concretos que a mente, e assim é mais fácil obter as capacidades referentes a eles. É muito difícil saber ou entender com exatidão o que outra pessoa está pensando. Mas essa capacidade pode surgir.

Há uma história muito engraçada da claridade de meu mestre Changchub Dorje que ilustra bem essas capacidades. Como já disse, Changchub Dorje atuava como médico e teve êxito na cura de um paciente abastado que vivia a uma distância de vários dias de viagem. Em agradecimento ao mestre, o paciente resolveu enviar um empregado com um presente. O empregado partiu a cavalo levando o presente, que era um embrulho amarrado com um cordão, contendo em seu interior muitos pequenos pacotes de chá. O empregado cavalgou o dia todo, mas quando parou para passar a noite, ainda a dois dias de viagem da casa de Changchub Dorje, decidiu que o mestre não sentiria falta de uns poucos pacotes de chá. Então, sacando sua faca, abriu o pacote e retirou um terço do seu conteúdo. Em seguida, fechou e amarrou de novo o embrulho, de tal forma que ele parecia perfeito, como se nunca tivesse sido aberto.

Dois dias depois, eu estava na casa de Changchub Dorje quando o mestre, inesperada e repentinamente, pediu à sua esposa que preparasse uma refeição para alguém que, conforme disse, chegaria logo. Todos na comunidade de Changchub Dorje estavam acostumados com acontecimentos que pareceriam estranhos em outro lugar e, assim, sem questionar, a mulher do mestre começou a fazer o que lhe fora pedido. Seu marido queria que a refeição fosse servida de modo formal, com todos os pratos e talheres, mas insistiu particularmente que nenhuma faca fosse fornecida. Tudo aquilo era mais estranho, porque, a menos que o visitante esperado fosse uma pessoa especialmente importante, em geral ele ou ela não comeria separado dos outros.

Quando o empregado mensageiro finalmente chegou, acompanhei de perto para ver o que iria acontecer. Ele cumprimentou o mestre com muito respeito, apresentando a encomenda bem fechada e expressando a gratidão do patrão que havia se curado. Chanbchub Dorje o agradeceu, e colocou o embrulho de lado, dizendo que o abriria mais tarde. Então perguntou ao mensageiro se ele estava com fome. Quando ele lhe respondeu que sim, a refeição que havia sido preparada lhe foi servida. A refeição era um pouco mais abundante que o normal para nós e incluía vários pratos, que o mensageiro comeu com satisfação. Quando o prato de carne chegou, entretanto, ele notou que não havia faca à mesa com a qual pudesse cortar a carne. Ele mal havia começado a procurar a faca na bainha oculta em suas roupas, quando o mestre o encarou com fúria e disse baixinho:

— Não adianta procurar sua faca aqui, meu amigo. Você a deixou no pedregulho na beira da estrada duas noites atrás, quando a usou para abrir o pacote que mandaram para mim e roubou um terço dos pacotes de chá!

Talvez com isso vocês entendam porque ninguém na comunidade de Changchub Dorje mentia ou tentava praticar qualquer fraude.

A quarta capacidade que pode se manifestar no caminho para a realização é o conhecimento da vida e da morte. É possível saber, por exemplo, quando alguém vai morrer, de qual maneira e onde vai renascer. O princípio disso é o desenvolvimento da capacidade de conhecer o tempo a ponto de ser capaz de ir além dele. É desenvolvida a capacidade de conhecer todas as causas secundárias relativas à outra pessoa. As causas secundárias que se manifestarão quando a pessoa de fato morrer estão presentes a todo momento e, assim, podem ser lidas.

Como ilustração dessa capacidade, há outra história de um empregado que foi até Changchub Dorje como mensageiro. Esse homem foi enviado pelo seu patrão, que, novamente, vivia a uma distância de vários dias de cavalgada, a fim de pedir um remédio para a filha que estava gravemente enferma. Changchub Dorje, entretanto, disse que o remédio seria inútil, porque ela havia falecido logo após o mensageiro ter partido para vir até ele, um fato que ele não tinha como saber se não fosse por sua claridade. O mensageiro não sabia se acreditava nele ou não. Voltou imediatamente para casa com o remédio para que seu patrão não dissesse que ele não havia cumprido o seu dever caso acontecesse de a garota ainda estar viva. Mas quando chegou em casa, descobriu que a menina havia de fato morrido, exatamente na hora que Changchub Dorje lhe dissera.

A quinta capacidade é chamada "conhecimento verdadeiro de milagres"; e não se trata apenas de uma compreensão intelectual, mas da capacidade real e concreta de realizar milagres. A pessoa ultrapassou todos os limites e, nesse estado essa atividade se torna natural em vez de ser um verdadeiro milagre. Em geral, pensa-se em milagres como ações que alguém pode levar a cabo em relação a objetos aparentemente externos, alterando-os de algum modo. Mas como a divisão da realidade em interna e externa é uma ilusão, quando essa ilusão é superada, é possível ultrapassar todos os limites usuais, como fez o grande iogue Milarepa ao buscar abrigo de uma tempestade de granizo realmente entrando dentro do chifre de um iaque que estava caído no chão, embora se diga que o chifre do iaque não tenha ficado maior, nem Milarepa menor. (ver gravura 19). Outra compreensão da realidade além de nossos limites usuais pode ser obtida a partir da afirmação de Buda de que há tantos budas em um átomo quanto há átomos no universo. Simplesmente não conseguimos captar o sentido dessa afirmação dentro de nossa estrutura habitual de conceitos mentais e chamamos essas coisas de milagres; mas a realidade é assim, apenas não estamos acostumados a vê-la dessa forma. A capacidade de penetrar a realidade é chamada "o verdadeiro conhecimento dos milagres".

INTEGRAÇÃO TOTAL DE SUJEITO E OBJETO

É assim que os sinais do Caminho podem se desenvolver para um praticante, embora possam surgir sem qualquer ordem específica. Agora chegamos à sexta capacidade, a capacidade do Fruto, chamada *trödral*, que significa "além de conceitos" ou "semelhante ao céu". Ela envolve a reintegração completa de sujeito e objeto, e é um método particular dzogchen de alcançar a realização total em uma só vida, através do domínio da própria energia e da forma como se manifesta.

Todos os métodos dos vários caminhos, aqueles dos sutras e todos os níveis de Tantra, assim como do Dzogchen, conduzem à realização total – o Fruto. Trata-se da superação da existência condicionada e da manifestação do estado primordial, que permitem a compreensão do funcionamento da realidade e de todos os seus fenômenos e oferecem uma sabedoria perfeita com numerosas capacidades.[37] Mas os sutras explicam que, pela aplicação de seus métodos particulares, serão necessários vários *kalpas*, ou éons, para atingir a realização.[38] E embora os métodos dos tantras inferiores sejam mais rápidos, um longo tempo ainda será necessário para atingir o Fruto através deles. Os tantras superiores e o Dzogchen, por outro lado, permitem alcançar a realização total em uma única vida. As visões do Longde e a prática de *thödgal* – o ensinamento supremo e mais secreto do Dzogchen – permitem que o praticante rapidamente desate os nós da existência condicionada e obtenha a mais absoluta espécie de realização total, que culmina na completa dissolução do corpo físico na essência de seus elementos, que é luz.

---

37 O tipo de realização que se obtém como resultado da prática de diferentes caminhos não é sempre o mesmo: a natureza do caminho seguido vai determinar não somente a rapidez com que o Fruto será obtido, mas também qual será a sua natureza.

38 Embora a iluminação só possa ser alcançada ao fim de três incontáveis éons, de acordo com muitos textos do Mahayana (um exemplo ilustre é aquele do *Vajracchedika prajnaparamita sutra* ou *rDo rje gCod pa mDo*), o budismo Ch'an ou Zen afirma que seus seguidores podem alcançar a iluminação em uma única vida. No entanto, isso não significa que o Ch'an ou Zen sejam iguais ao Dzogchen; a compreensão deste último e o uso da energia não é compartilhado pelo Zen ou por qualquer outro sistema do caminho da renúncia, e nenhum sistema do caminho da renúncia ou do caminho da transformação conduz aos níveis de realização que constituem o supremo Fruto do Dzogchen.

Para atingir essa realização, *semnyid*, que significa "a natureza da mente", também chamada de "*ying* interno", é integrado com *chodnyid*, que significa a "condição da existência", também chamada de "*ying* externo". Ambos serem chamados de *ying* (com sentido de "espaço"; *dhatu*, em sânscrito) mostra que desde o início eles são da mesma natureza. Não é que a existência seja de algum modo anulada. O ensinamento Dzogchen está baseado no conhecimento de que a natureza essencial do microcosmo – o indivíduo – e a do macrocosmo – o universo – é a mesma e, portanto, quando alguém descobre e manifesta por completo sua própria natureza, está descobrindo e manifestando a natureza do universo. A existência de dualidade não é nada mais que uma ilusão e, quando essa ilusão é desfeita, a inseparabilidade primordial do indivíduo e do universo é totalmente descoberta e as funções dessa inseparabilidade se manifestam; quer dizer, através da integração do *ying* interno e externo, o corpo de luz se manifesta. Se os outros cinco *ngönshes* são sinais do desenvolvimento no Caminho, essa é a expressão suprema do Fruto.

O *jalü* (em tibetano), ou "corpo de luz", realizado através da prática de Dzogchen é diferente do *gyulü*, ou "corpo ilusório", realizado através das práticas dos tantras superiores. O *gyulü* depende do *prana* sutil do indivíduo e assim, como no Dzogchen sempre se considera o *prana* como pertencente à dimensão relativa, esse *gyulü* não é considerado a realização total. O *jalü*, forma de manifestar a realização específica dos mestres que se dedicaram à prática do Longde ou do Mennagde até seu último nível, e continua a se manifestar até os nossos dias, apenas com interrupções muito curtas na linhagem.

O mestre de meu mestre Changchub Dorje atingiu esse nível de realização. Changchub Dorje estava presente na ocasião, e eu sei que não é uma lenda. Meu mestre me contou como o seu mestre, Nyagla Padma Duddul, chamou todos os seus discípulos – os que estavam mais longe e os que estavam por perto – e lhes disse que queria transmitir alguns ensinamentos nunca antes transmitidos na íntegra. Ele lhes ensinou e, em seguida, praticaram uma *gana puja* juntos por mais de uma semana. A *gana puja* é uma excelente forma de eliminar perturbações entre mestre e discípulo e entre um discípulo e outro. Ao final da semana, Nyagla Padma Duddul lhes anunciou que chegara sua hora de morrer e que pretendia fazê-lo em certa montanha próxima. Seus discípulos imploraram para que ele não morresse, mas o mestre disse que estava na hora e não havia nada a fazer. Então todos o acompanharam subindo a montanha até um lugar onde ele armou uma pequena tenda. Em seguida, o mestre fez seus discípulos costurarem completamente a tenda, encerrando-o lá dentro, e pediu para ser deixado em paz por sete dias.

Os discípulos desceram e esperaram, acampados ao pé da montanha por sete dias. Durante esse tempo, choveu muito e havia diversos arco-íris. Depois eles voltaram lá para cima e abriram a tenda, que estava costurada do jeito que haviam deixado. Tudo que encontraram dentro dela foram as roupas do mestre, seu cabelo, e as unhas dos pés e das mãos. As roupas eram de um leigo e permaneciam empilhadas onde ele estivera sentado, com o cinto ainda atado ao meio. Ele as deixara como uma cobra que se livra da pele. Meu mestre estava presente e me contou a história, então sei que é verdade e que essa realização é possível.

Conheço muitas outras histórias assim, mas há uma particularmente interessante que meu tio Togden me contou. Em 1952, na área do Tibete de onde eu vim, havia um homem idoso que, em sua juventude, tinha sido empregado ou assistente de um mestre dzogchen por alguns anos e que, naturalmente, tinha ouvido muitos ensinamentos. Mas pelo resto de sua vida ele apenas viveu de forma muito simples, inscrevendo mantras em pedras como ganha-pão. Viveu assim por muitos anos e ninguém lhe deu muita importância ou pensou que ele era um praticante. Certo dia, ele anunciou que iria morrer dentro de sete dias e enviou uma mensagem ao filho, um monge, dizendo que queria deixar todos os seus pertences como oferenda ao monastério onde o filho vivia. O monastério espalhou por todo lado a notícia de que o homem pedira para ser encerrado por sete dias para morrer e, como todos compreendiam o que isso significava, muita gente compareceu. O caso se transformou em um evento público. Havia representantes de todas as escolas budistas, de grandes monastérios e até da administração chinesa, que na época contava apenas com militares. Assim, quando abriram o quarto onde o homem havia sido trancado por sete dias, muitas pessoas estavam presentes. E o que viram foi que o homem não havia deixado corpo algum. Apenas o cabelo e as unhas, as impurezas do corpo, haviam sido deixadas.

Meu tio, o iogue, veio me ver na casa do meu pai logo após ter testemunhado o acontecido e, enquanto nos relatava o que tinha visto, seus olhos estavam cheios de lágrimas. Disse que era uma tragédia terrível que nenhum de nós tivesse conhecimento suficiente para reconhecer que aquela pessoa aparentemente comum, tão perto de nós, na verdade tinha sido um grande praticante, de quem poderíamos ter recebido ensinamentos. Mas com praticantes do Dzogchen é assim, não há nada para ver no exterior.

Quando visitei o Nepal na primavera de 1984 para dar ensinamentos e praticar em Tolu Gompa, um monastério nas montanhas perto da fronteira tibetana, próximo ao Monte Everest, onde Padmasambhava praticou, e na caverna de Maratika, onde Padmasambhava e sua consorte Mandarava obtiveram realização na prática de longa vida, recebi notícias do que havia acontecido com meu tio Togden. Essas notícias provinham de um tibetano que tinha acabado de chegar a Kathmandu vindo do Tibete, onde havia sido funcionário do governo na região onde Togden vivia. Parece que meu tio continuou vivendo em sua caverna isolada por muitos anos após eu ter deixado o Tibete. Finalmente, como muitos outros iogues, precisou sair do retiro durante a Revolução Cultural, quando decretaram que essas pessoas exploravam os trabalhadores porque recebiam alimento mesmo sem trabalhar. Meu tio teve mais sorte do que muitos outros e só foi colocado em prisão domiciliar, em vez de ser forçado a enfrentar um julgamento público e talvez uma punição grave.

O homem que conheci em Kathmandu, entre muitas outras atribuições, era responsável pela custódia contínua de Togden, a quem permitiu viver em uma pequena casa de madeira construída no terraço de uma moradia urbana comum na capital da província. A casa pertencia a uma família tibetana que supria as necessidades de meu tio, de modo que ele pôde continuar seu retiro da mesma forma que antes. Depois, porque esse oficial se responsabilizava por ele, meu tio foi autorizado a viver no campo, sob supervisão menos rigorosa. Lá havia uma casa isolada à sua disposição, que o oficial visitava com regularidade para ficar de olho nele.

Certo dia, quando o oficial chegou, encontrou a casa fechada. Quando conseguiu entrar, encontrou o corpo de Togden em seu assento de meditação – mas o corpo havia encolhido para o tamanho de uma criança pequena. O oficial ficou muito preocupado em ter de explicar uma coisa dessas para seus superiores. Tinha medo de que pensassem que ele estava de alguma maneira ajudando Togden a fugir. Por isso, foi logo informá-los do acontecido.

Alguns dias depois, quando o oficial retornou à casa isolada com toda a alta patente do governo regional, o corpo de Togden havia desaparecido por completo. Havia sobrado apenas o cabelo e as unhas. Os chineses superiores do oficial estavam completamente desnorteados e pediam esclarecimentos com ansiedade. Mas o oficial tibetano respondia apenas que tinha ouvido falar de textos antigos que relatavam o estado chamado de "corpo de luz", alcançado por alguns iogues, embora ele mesmo nunca esperasse ver isso pessoalmente.

Esse acontecimento causou tal impressão que lhe despertou grande interesse por questões espirituais. Assim que pôde, ele conseguiu fugir a pé para o Nepal, onde sentia que seria livre para receber ensinamentos e praticar, e onde eu o encontrei. Fiquei profundamente comovido ao receber notícias da realização do meu tio. Conhecendo a gravidade do problema que ele tinha, com muitas perturbações mentais em seus primeiros anos de vida, eu não esperava que ele alcançasse tanto em uma só vida. Seu exemplo nos mostra o potencial que há em cada um de nós.

Para usar mais uma vez a metáfora do espelho, a realização do corpo de luz significa que não se está mais na condição de uma pessoa que é refletida no espelho e vê dualisticamente o próprio reflexo, mas de alguém que se estabeleceu na condição essencial do espelho. Sua energia como um todo agora se manifesta da mesma forma que a energia do espelho. Sabendo como sua própria energia se manifesta como *dang*, *rolpa* e *tsal*, a pessoa é capaz de integrar por completo sua própria energia até o nível da existência material propriamente dita. Isso é alcançado através das visões do Longde, que surgem como resultado das práticas dos quatro *das*, ou através da prática das quatro luzes que levam ao surgimento das quatro visões do *thödgal*, que se desenvolvem de maneira em grande parte semelhante às visões do Longde.

A primeira das quatro visões do *thödgal* é chamada "visão de *dharmata*" (ou "natureza da realidade") e a segunda é o desenvolvimento posterior da primeira. A terceira é sua maturação e a quarta é a consumação da existência. Se alguém ingressou em vida no terceiro nível dessas visões – e dizer que alguém ingressou quer dizer que existem sinais de que isso aconteceu – então, quando morre, seu corpo desaparece lentamente em luz. Em vez de se decompor da maneira usual em seus elementos constituintes, ele se dissolve na essência dos elementos, que é luz. O processo pode demorar mais que sete dias para acontecer. Tudo o que sobra do corpo físico são o cabelo e as unhas, que são considerados suas impurezas. O resto do corpo se dissolve na essência de seus elementos. É essa a realização que Garab Dorje e, em épocas mais recentes, muitos outros mestres, dos quais mencionei alguns poucos como exemplo, alcançaram.

Na verdade, não se pode dizer que um praticante que manifesta essa realização tenha "morrido" no sentido comum da palavra, porque, por princípio, ele continua espontaneamente ativo como um ser em um corpo de luz. A atividade espontânea de um indivíduo assim será direcionada em benefício dos outros, e ele será realmente visível para alguém em um corpo físico que tenha claridade suficiente.

Um praticante que aperfeiçoa e completa o quarto nível das visões de *thödgal* não manifesta absolutamente a morte, mas enquanto ainda vive, torna-se de modo gradual invisível àqueles que possuem visão cármica normal. Esse nível de realização é chamado de "grande transferência", e é a realização que Padmasambhava e Vimalamitra manifestaram. Em essência, as realizações da grande transferência e do corpo de luz são iguais; a única diferença é que aqueles que alcançam a grande transferência não precisam passar pela morte em sentido clínico para passar de uma manifestação no plano material a uma manifestação no plano da essência dos elementos. Essas duas modalidades de realização são exclusivas da prática do Dzogchen.

Realização total

Seres comuns renascem sem escolha, condicionados por seu carma a adquirirem um corpo de acordo com as causas que acumularam durante incontáveis vidas passadas. Um ser totalmente realizado, por outro lado, está livre do ciclo de causa e efeito condicionados. Mas um ser assim pode manifestar um corpo através do qual seja possível ajudar os outros. O corpo de luz, (ou corpo luminoso) de um ser que realizou a grande transferência, é um fenômeno que pode ser mantido em atividade. Assim, aqueles que possuem a claridade visionária necessária para percebê-lo podem se comunicar com indivíduos completamente realizados, cujos corpos se encontrem em uma dimensão de pura luz.

Mas, para ajudar aqueles desprovidos dessa capacidade, um ser totalmente realizado pode se manifestar em um corpo físico propriamente dito. Foi o que Garab Dorje e Buda fizeram. Todos os corpos dessa espécie são de *nirmanakaya* — *kaya* em sânscrito significa "corpo" ou "dimensão", *nirmana* significa "manifestação". Um indivíduo completamente realizado pode escolher se manifestar em um corpo de luz ou, de forma voluntária, renascer em um corpo físico comum, na dimensão material grosseira, mas sem ser condicionado pelo corpo ou pelas ações realizadas com ele.

O *sambhogakaya*, ou "corpo de abundância", é a dimensão da essência dos elementos que constituem o mundo material grosseiro, uma dimensão sutil de luz que surge em uma grande quantidade de formas que só podem ser percebidas pelo desenvolvimento da claridade da consciência e capacidade visionária. Um ser totalmente realizado pode se manifestar em uma forma do *sambhogakaya*, mas em uma forma assim não será tão ativo quanto um ser que se manifeste em um corpo de luz.

Assim como os raios são a manifestação das qualidades intrínsecas do sol, também a sabedoria de um indivíduo totalmente realizado é aquilo que o indivíduo é. Cada forma do *sambhogakaya* é a personificação de um princípio da sabedoria pura. Mas assim como o sol não tem intenção de enviar seus raios a qualquer lugar específico – e cada local recebe ou não os raios dependendo de suas características – é o praticante que deve estar ativo para perceber a dimensão de *sambhogakaya* e ter acesso à sabedoria personificada por uma forma particular do *sambhogakaya*, abrindo essa dimensão em si próprio.

Embora a capacidade de manifestar tanto formas do *sambhogakaya* quanto do *nirmanakaya* sejam facetas da realização total, essa realização significa que todos os limites e formas foram ultrapassados. O indivíduo manifestou aquele estado que sempre foi a sua condição verdadeira desde o princípio, embora, no *samsara*, tenha sido ocultada da mente deludida pela experiência da ilusão do dualismo. "Realização total" significa que alguém realizou sua identidade com o *dharmakaya*, ou "corpo de verdade", ou "dimensão da realidade", assim como é. É a matriz vazia onipresente, o *zhi* ou "Base", de cada indivíduo que se manifesta na dança infinitamente interpenetrante de energias do universo como formas *sambhogakaya* e *nirmanakaya* de um indivíduo realizado. Ou como a gaiola limitada da visão cármica – o corpo, voz e mente – de um ser aprisionado no dualismo que confunde a própria energia com um mundo externo aparentemente separado.

A realização total significa o fim definitivo da ilusão, o fim do sofrimento, a cessação do círculo vicioso de renascimentos condicionados – é a aurora de liberdade completa, sabedoria completa e suprema bem-aventurança sem fim. Na realização total, a morte é suplantada, toda a dualidade transcendida, e a capacidade de beneficiar todos os seres de forma espontânea se manifesta perfeitamente em uma multiplicidade de modos. De todas as possibilidades de renascimento em qualquer um dos seis reinos, o renascimento em corpo humano é o mais favorável para trabalhar em direção à realização total. E para ser verdadeiramente humano, para consumar de verdade a sua humanidade, essa realização deve ser o seu objetivo. Do contrário, vive-se a vida, conforme Buda mostrou, como uma criança absorta se divertindo com seus brinquedos dentro de uma casa completamente em chamas.

Para um ser humano comum, a morte é real, pode vir a qualquer hora, sem aviso. Desperdiçar o renascimento humano precioso com banalidades é uma tragédia. Somente a prática conduz a pessoa à sua própria realização e somente através da própria realização é possível ajudar os outros de maneira definitiva, manifestando as capacidades para poder orientá-los a também alcançar o mesmo estado. Qualquer assistência material que se possa oferecer sempre será apenas provisória. Portanto, para ser capaz de ajudar os outros, a pessoa deve começar ajudando a si mesma, ainda que isso pareça contraditório. Assim como para contar até um milhão deve-se começar pelo número um, também para beneficiar a sociedade deve-se começar pelo trabalho consigo mesmo. Cada indivíduo deve se responsabilizar de verdade por si próprio e isso só pode ser feito através do trabalho para ampliar sua consciência, para tornar-se mais plenamente consciente, mais senhor de si mesmo.

Uma mudança em menor escala pode gerar mudanças maiores: a influência de um ser que está avançando em direção à realização pode ser poderosa tanto no nível espiritual sutil quanto em termos concretos, de influir sobre a sociedade. Meu próprio mestre Changchub Dorje, por exemplo, não era considerado um grande mestre por ter sido oficialmente reconhecido como uma encarnação. Era uma pessoa comum que seguiu vários grandes mestres dzogchen e pôs em prática o que lhe ensinaram. Mas, através do poder de sua prática, ele manifestou grande claridade. Como resultado de suas qualidades, passou a ser considerado um grande mestre e a ser procurado por discípulos. Não vivia em um monastério, mas em uma casa comum, como relatei em algumas histórias que contei sobre ele, e seus discípulos, que incluíam tanto monges quanto leigos, à medida que chegavam, gradualmente construíam mais casas com o passar dos anos, até formar uma aldeia de praticantes ao seu redor. O tipo de aldeia que se desenvolvia é conhecido como um *gar*, termo que serve para designar a residência sazonal ou temporária de nômades. Aldeias assim podem partir a qualquer momento – talvez, por exemplo, quando toda a pastagem da área tiver sido consumida.

Com o passar do tempo, todo o tipo de gente, jovens e velhos, ricos e pobres, leigos e ordenados, passaram a viver juntos no *gar* de Chagchub Dorje. Diariamente, sopa e comida simples eram fornecidas de graça para aqueles que não tinham recursos próprios, e isso era pago pelos que tinham mais que o suficiente para suas necessidades. Inspirados pelo mestre, todos ofereciam o que podiam como contribuição para as necessidades de toda a comunidade. Dessa forma, aos praticantes que careciam de recursos próprios era permitido viver, receber ensinamentos e praticar no *gar*; mas todos que lá viviam trabalhavam todos os dias, participando do trabalho braçal mais pesado, colhendo ervas e preparando medicamentos. Dessa maneira, a influência do mestre se espalhou por esse grupo de indivíduos vindos de todas as profissões e de todos os estratos sociais. Conforme a consciência de cada um se desenvolvia, surgia espontaneamente uma espécie de cooperativa que era desconhecida naquela época no Tibete. O mestre nunca determinou que as coisas devessem ser dessa maneira; ele encorajou o desenvolvimento da consciência de seus discípulos e, a partir daí, essa resposta à situação prática e às necessidades diárias se desenvolveu. O padrão do *gar* era bem diferente do sistema feudal que ainda prevalecia no Tibete em geral.

Quando Changchub Dorje chegou à região onde o *gar* gradualmente se desenvolveu, já era um homem idoso. As pessoas perguntavam a sua idade e ele sempre respondia "setenta anos". Ele ainda respondia que tinha setenta anos quando o conheci em 1955 – sessenta anos depois de sua chegada àquela região. Por curiosidade, eu mesmo lhe perguntei a idade várias vezes e ele sempre me respondeu "setenta anos". Mas as pessoas da área calculavam que nessa época ele devia ter pelo menos 130 anos.

Nós andamos, trabalhamos, comemos, dormimos e todas essas atividades devem ser permeadas por nossa prática, para que em nosso progresso em direção à realização nenhuma fração de tempo seja desperdiçada. Embora Changchub Dorje estivesse o tempo todo ativo para benefício dos outros e trabalhasse todos os dias em sua prática de medicina, seu progresso em direção à realização não foi de modo algum prejudicado. Apesar de seu estilo de vida comum, era um homem absolutamente extraordinário. Faleceu em idade notavelmente avançada, tendo concluído a obra de sua vida, e deixando um legado inestimável tanto nos ensinamentos registrados por escrito quanto no coração e na mente de seus estudantes.

Como resultado de minha partida para viver no Ocidente, viajei pelo mundo inteiro em atenção aos pedidos para que ensinasse Dzogchen e, em todo lugar aonde vou, minha esperança é sempre que a inspiração de vida e ensinamentos de Changchub Dorje sejam uma causa para o despertar de todos aqueles que ouçam falar dele. Que seja auspicioso!

Isso conclui a apresentação da Base, do Caminho e do Fruto do ensinamento Dzogchen. Embora palavras e conceitos intelectuais possam ser somente indicações que apontam para a verdadeira natureza da realidade, que está muito além delas, a complexa estrutura conceitual interligada dos ensinamentos é em si mesma brilhante e linda, como um cristal multifacetado do qual cada face espelha e remete impecavelmente a todas as outras. Mas lembre-se, por favor, que a única maneira de penetrar o coração desse cristal é investigar a si mesmo. Dzogchen não é somente para ser estudado: o caminho da luz existe para ser trilhado.

Como uma abelha procura néctar
de todos os tipos de flores,
busque ensinamentos em todo lugar.
Como um cervo que encontra um lugar tranquilo para pastar,
procure isolamento para digerir tudo o que você recolheu.
Como um leão, viva completamente livre de todo medo.
E por fim, como um louco, além de todos os limites,
vá aonde quiser.

— Um tantra dzogchen.

Anexo 1

A. Três princípios de Garab Dorje do ensinamento Dzogchen

1) Introdução direta: o estado primordial é transmitido imediatamente, do mestre para o discípulo. O mestre sempre permanece no estado primordial, e a presença do estado é comunicada dessa forma ao discípulo ou discípula em qualquer situação ou atividade que possam compartilhar.

2) Não permanecer em dúvida: através da experiência repetida do estado primordial em contemplação, o discípulo ou discípula não tem mais dúvidas sobre qual é a sua verdadeira condição.

3) Continuar no estado: o discípulo ou discípula se empenha em continuar o tempo todo no estado de contemplação não dual, o estado primordial, até cada pensamento ou experiência se autoliberar de maneira espontânea no mesmo instante em que surge, sem que seja necessário qualquer esforço, e nada mais oculta a verdadeira condição do indivíduo (que, no *samsara*, é obscurecida pela visão dualista). Continua-se dessa forma até a realização total (p.162).

B. Chave para os grupos de três no ensinamento Dzogchen

Um diagrama linear não pode verdadeiramente representar as complexas inter-relações entre os diversos aspectos dos ensinamentos, que seriam mais bem representados por uma estrutura cristalina em três dimensões, com cada uma de suas pontas conectada com todas as outras. Mas uma vez que um livro é uma apresentação linear pela própria natureza da linguagem e pelo modo como é escrito, o ensinamento, quando escrito em um livro, tem de ser apresentado em sequência linear. Assim, esse diagrama se destina a ser apenas uma chave provisória para abrir uma visão mais sutil das muitas correspondências no cristal dos ensinamentos, e auxiliar o entendimento do tema do livro.

1. BASE, o estado primordial
ou base de cada indivíduo,
que inclui:

- ESSÊNCIA, que é vazia.
- NATUREZA, contudo, a manifestação continua a acontecer.
- ENERGIA, que se manifesta de três maneiras características como:

- *Dang*
- *Rolba*
- *Tsal*

Estas, conforme explicado pelos exemplos do cristal e seus raios, a bola de cristal e o espelho e seus reflexos são a própria manifestação de energia do ser. Contudo, alguém no samsara as confunde com fenômenos externos e as vê de acordo com sua visão cármica, que inclui:

- MENTE
- VOZ (ou energia relacionada à respiração)
- CORPO

2. CAMINHO

TAWA, ponto de vista ou visão da verdadeira condição
do indivíduo e do universo. O ponto de vista verdadeiro
é observar a condição da sua própria mente,
voz e corpo verdadeiros.

GOMPA, práticas reais apresentadas nas três séries.
Há práticas que trabalham com cada um dos
aspectos do corpo, voz e mente do indivíduo.

SEMDE, a série da mente.
LONGDE, a série do espaço.
MENNAGDE, a série essencial.

PRÁTICAS PRINCIPAIS são a prática de contemplação, do próprio Dzogchen, e práticas de meditação que levam o indivíduo a conseguir entrar em contemplação.

As práticas de TREGCHÖD ajudam a conseguir reconhecer o estado primordial e continuar em contemplação, enquanto as práticas de THÖDGAL rapidamente permitem desenvolver o estado de contemplação, através da visão, até a sua conclusão suprema, na realização do corpo de arco-íris.

PRÁTICAS SECUNDÁRIAS são as que podem ser usadas junto com a contemplação para desenvolver uma capacidade específica ou superar um obstáculo particular. São exemplos o yantra ioga, a recitação de mantras, rituais e assim por diante.

CHÖPA, conduta na vida diária: como a pessoa vive
à luz de tawa, ou "ponto de vista", e a prática, mantendo
a contemplação não dual em cada ação das 24 horas do seu
cotidiano ou, se não conseguir isso, ao menos mantendo a
presença da consciência que se auto-observa.

3. FRUTO ou realização

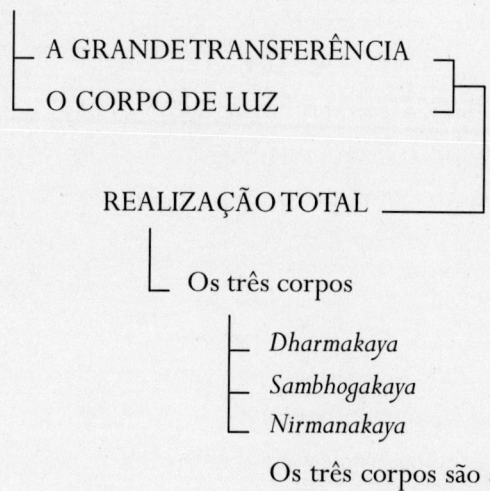

  └ A GRANDE TRANSFERÊNCIA
  └ O CORPO DE LUZ

    REALIZAÇÃO TOTAL

     └ Os três corpos

       └ *Dharmakaya*
       └ *Sambhogakaya*
       └ *Nirmanakaya*

> Os três corpos são a percepção correta dos três modos de manifestação da energia (*dang*, *rolpa* e *tsal*) e dos três aspectos da Base que eles ilustram — que sempre foram a verdadeira condição de cada indivíduo e de todo o universo.

C. Resumo dos vários caminhos do Sutra, Tantra e Dzogchen de acordo com a tradição Nyingmapa

As três escolas do budismo tibetano que surgiram depois da Nyingmapa — as escolas Sakyapa, Kagyüdpa e Gelugpa — classificam os tantras de modo diferente da maneira pela qual são classificados na escola Nyingmapa — falando, por exemplo, de tantras "superiores" (*anuttara*) e "inferiores", em vez de usar os termos tantras "internos" ou "externos". Mas, como o propósito deste breve resumo é dar ao leitor uma chave para a compreensão do relacionamento entre Dzogchen e os vários níveis de tantra, vamos nos concentrar na classificação encontrada dentro da escola Nyingmapa — a mais intimamente associada ao Dzogchen.

Neste ponto, o próprio termo *Dzogchen* precisa ser melhor explicado, uma vez que pode ser usado em dois sentidos:

i) para indicar a totalidade do caminho de autoliberação, com os três aspectos Base, Caminho e Fruto, ou:

ii) para se referir ao Fruto (ou realização) do Anuyoga (um dos veículos tântricos encontrados na escola Nyingmapa, que será considerado logo adiante).

O mesmo nome, *Dzogchen*, é usado nos dois casos porque o mesmo estado, o estado de Dzogchen, é tanto o ponto de partida para o caminho da autoliberação (introduzido imediatamente na introdução direta dada pelo mestre ao discípulo) quanto o Fruto (ou realização do Anuyoga).

Quando falamos de *Dzogchen* nesse primeiro sentido, como "caminho de autoliberação", ele não pertence nem ao Sutra nem ao Tantra. Não é um caminho gradual nem vê a si mesmo como o ponto mais elevado em uma hierarquia de níveis.

O *Dzogchen*, no sentido de "caminho de autoliberação", também não é parte do caminho de transformação tântrico (ver abaixo): ele não utiliza a visualização como prática principal, embora, estando além de todos os limites, possa usar métodos de qualquer nível do Tantra como práticas secundárias.

A prática principal do Dzogchen consiste em entrar diretamente em contemplação não dual e permanecer nesse estado, aprofundando-o continuamente até que a realização total seja alcançada.

Os vários níveis do Tantra, ou seja, do Vajrayana, têm como fundamento e ponto de partida a vacuidade de todos os fenômenos, o princípio de *shunyata*. Todos funcionam com base nesse princípio através da aplicação de visualização, mas essa técnica é utilizada de forma diferente em cada nível, a fim de reintegrar a energia do indivíduo com a energia do universo, da qual parece ter se separado.

Enquanto os sarmapa ou as escolas "novas" (Sakyapa, Kagyüdpa e Gelugpa) consideram *Anuttaratantra* ("tantra supremo"), ou *Anuttarayogatantra*, como o veículo supremo, os nyingmapa falam de três tantras internos: Atiyoga, Anuyoga e Mahayoga. Destes, o Atiyoga e o Anuyoga são encontrados somente na escola Nyingma).

Atiyoga é o caminho da autoliberação e não envolve visualização. Através da introdução direta dada pelo mestre, a pessoa reconhece o estado primordial da mente, a sua condição natural e o estado de Dzogchen. Então, por meio de diversas práticas, aprofunda sua capacidade de conhecer esse estado, até poder permanecer nele o tempo todo, integrando todas as suas ações com a contemplação não dual.

Embora o Atiyoga como tal não pertença ao caminho da transformação do Tantra, seus textos-raiz são chamados de "tantras" e, desde a segunda difusão dos ensinamentos no Tibete, têm sido incluídos entre os tantras internos e considerados como o nível supremo do Tantra. Do mesmo modo, embora o Atiyoga não seja um caminho gradual – pois nele se inicia imediatamente com a introdução direta ao estado de Dzogchen –, também pode ser abordado por aqueles que "escalaram" os estágios sucessivos do caminho gradual, como o último desses estágios. Assim, em uma apresentação do caminho gradual, ele apareceria como seu estágio supremo e final. Atiyoga somente é encontrado na escola Nyingmapa.

Anuyoga é um método do caminho da transformação. O objetivo do caminho da transformação em geral é capacitar o praticante a transformar a visão impura em visão pura, o que se faz mediante a visualização de uma deidade (masculina ou feminina) e sua mandala, entrando assim na dimensão pura da deidade.

Anuyoga é encontrado somente na escola Nyingmapa e utiliza uma forma de visualização não encontrada em nenhuma outra parte: a visualização se manifesta em um só instante, em vez de ser construída em detalhe e gradualmente como nas outras iogas.

No nível do Anuyoga, a pessoa se visualiza como a deidade, em lugar de visualizar a divindade como externa a si mesma. A poderosa sensação de ser a própria "deidade" é considerada mais importante que a formação de uma imagem mental completa de todos os vários detalhes da divindade e a mandala a seu redor.

Mahayoga também é uma prática do caminho da transformação. Como no Anuyoga, a pessoa visualiza a si mesma como a "deidade", mas aqui a visualização da "divindade" e mandala é construída gradualmente e em detalhes. O Fruto do Mahayoga é chamado *mahamudra* ("símbolo total").[39]

Yogatantra é o primeiro nível do caminho da transformação. Aqui também a pessoa visualiza a si mesma como a "deidade" e começa a trabalhar com a ioga interna, usando a energia sutil do corpo que continua nos níveis do caminho da transformação acima.

No Upayatantra, a "deidade" ou o indivíduo realizado que é utilizado como suporte da prática é primeiramente visualizado de forma externa ao praticante. No entanto, deve ser visto como um igual,

---

[39] "Uma vez que alguém tenha alcançado um grau maior de calor meditativo, pratica vigorosamente a ioga do *karmamudra*, atingindo o grau mais elevado de "realização completa", ou seja, a experiência consumada que antecipa o verdadeiro estado de lucidez absoluta. Imediatamente após a pessoa sair da meditação no íntimo da presença constante desse estado, é obtida uma corporificação iluminada que é simplesmente a união da energia sutil e da mente do indivíduo. Tendo conseguido isso, a pessoa teve a experiência culminante no caminho do enlace.

Então, devido à ioga do *karmamudra*, o seu corpo físico impuro é transformado em um estado mais sutil e refinado. Uma vez que tenha se fundido na experiência do indivíduo com a corporificação iluminada que é simplesmente a união da energia sutil e da mente, essa é denominada "a corporificação *vajra* do corpo de arco-íris", ou "mestre da consciência". Não se considera que esse seja um corpo dentro de qualquer um dos três reinos. Entretanto, uma vez que falta ao indivíduo a experiência direta da verdadeira natureza dos fenômenos, ele ainda não é considerado um mestre da consciência que transcendeu o mundo ordinário." (Ver Jamgon Kongtrul, *The Treasury of Knowledge: Books Nine and Ten — Journey and Goal*, Snow Lion Publications, Ithaca, Nova York, 2010).

em vez de essencialmente superior a ele. O praticante deve trabalhar com alguma ioga interna combinada com as ações externas.

Kriyatantra é o nível do caminho da purificação propriamente dito. Aqui, o praticante visualiza a deidade como externa e superior a si mesmo. Trabalha apenas com as ações externas, a fim de se purificar para ser capaz de receber sabedoria do ser realizado, purificando toda a sua dimensão com o objetivo de compreender o estado puro da "divindade", que é de fato sua própria condição desde o princípio.

No Sutra, o caminho da renúncia, a ênfase está em desistir ou renunciar às ações negativas e adotar as positivas, enquanto o Tantra procura purificar ou transformar as tendências negativas do corpo, voz e mente em positivas.

Os dois níveis do caminho do Sutra – Hinayana (que inclui tanto o Shravakayana e o Pratyekabuddhayana) e Mahayana – trabalham em direção à experiência de *shunyata*, ou "vazio", que é o ponto de partida do Tantra. O Tantra assume que todos os fenômenos, sem exceção, não possuem natureza própria inerente e parte desse pressuposto para trabalhar com o desvelar da energia que constitui o mundo de aparências.

Os caminhos graduais insistem que o praticante deve trabalhar de baixo para cima. O Dzogchen, por outro lado, não adota uma abordagem hierárquica; prossegue imediatamente com base na transmissão direta do estado primordial dada pelo mestre ao aluno, e que o habilita a reconhecer aquele estado por si mesmo ou si mesma e permanecer nele.

O Dzogchen está além dos limites. Práticas de quaisquer dos outros níveis podem ser usadas como secundárias por um praticante dzogchen, mas a sua principal prática é entrar diretamente em contemplação não dual e permanecer nela, continuando a aprofundá-la até alcançar a realização total.

D. Práticas principais das três séries do ensinamento Dzogchen

Semde: a série da natureza da mente

Quatro naldjor ou iogas: para capacitar alguém a entrar em contemplação

1. *Shiné*: "estado calmo"
Através da fixação com objeto e sem objeto, a pessoa atinge o estado calmo. Isso se torna natural e, então, estável.

2. *Lhagthong*: "mais visão" ou "discernimento" (*insight*)
O estado de calma é dissolvido ou "desperto". A pessoa é capaz de praticar com o movimento dos pensamentos, sem o esforço de manter um "observador" interno. O estado de calma não é mais algo construído.

3. *Nyimed*: "não dualidade"
Shiné e *lhagthong* surgem em conjunto. A dualidade é ultrapassada.

4. *Lhundrub*: "autoperfeição"
A contemplação não dual pode ser levada a cada ação. Tudo é totalmente reintegrado em sua própria condição natural e a pessoa vivencia tudo que surge como o desvelar autoperfeito de sua própria energia. É essa a prática do Dzogchen, a grande perfeição.

Longde: a série do espaço

Quatro das, ou "símbolos": para capacitar o praticante a entrar em contemplação

1. *Salwa*: "claridade"

Os olhos estão abertos; a totalidade da visão do indivíduo é integrada. É diferente da claridade intelectual.

2. *Mitogpa*: "não conceitualidade"

Com os olhos fixos no espaço vazio, sem piscar, qualquer pensamento que surja não causa perturbação.

3. *Dewa*: "sensação de bem-aventurança ou êxtase"

O corpo é mantido em uma posição controlada até que a pessoa esteja mais desenvolvida na prática. Contudo, é quase como se o corpo não estivesse lá – embora a pessoa esteja completamente presente. Apertar com leveza os músculos dos "portões inferiores" do corpo aumenta a sensação de prazer natural do relaxamento completo.

4. *Yermed*: "inseparabilidade" (às vezes traduzido de forma imprecisa como "união")

A inseparabilidade de todos os outros três *das* no estado de contemplação e a prática do Dzogchen. Como um símbolo dessa inseparabilidade, a pessoa deixa a língua solta, sem tocar nem a base nem o céu da boca.

Todos os *das* são praticados simultaneamente, juntos.

MENNAGDE: A SÉRIE ESSENCIAL

Quatro *chogshag* (literalmente, "assim como é"): embora essa série também tenha práticas para capacitar a pessoa a entrar em contemplação – tais como os *rushens* interno e externo e os 21 *semdzins* – os quatro *chogshag*, que permitem ao praticante permanecer em contemplação, são a sua essência.

1. *Riwo chogshag*: "*chogshag* da montanha"

Refere-se ao corpo. O corpo é deixado "assim como é". Qualquer que seja a sua posição, essa será a posição da prática.

2. *Gyamtso chogshag*: "*chogshag* do oceano"

Refere-se aos olhos. Nenhum olhar específico é necessário. Qualquer que seja a posição dos olhos, essa será a posição da prática.

3. *Rigpa chogshag*: "*chogshag* do estado de contemplação"

O próprio estado da pessoa é deixado "assim como é", sem correção. Esse estado é igual ao *lhundrub* no Semde e ao *yermed* no Longde.

4. *Nangwa chogshag*: "*chogshag* da visão"

Diz-se que todas as visões da pessoa são "como um ornamento". Ela experimenta todas as suas visões cármicas como sendo a sua própria energia, seja como *dang*, *rolpa* ou *tsal*.

Os quatro *chogshag* se manifestam simultaneamente ao mesmo instante, e isso é Dzogchen. O estado de contemplação alcançado é o mesmo em cada uma das três séries.

Terminologia alternativa de três aspectos da prática do Semde

Os termos *shiné*, *lhagthong* e *nyimed* pertencem mais especificamente aos níveis Sutra e Tantra dos ensinamentos, mas por serem em geral mais conhecidos e utilizados, nós os adotamos aqui. Os termos que normalmente são encontrados nos textos dzogchen para as mesmas fases da prática são:

1) *Nepa* (estado calmo; literalmente "o espaço entre um pensamento e outro")

No Dzogchen, a pessoa já recebeu a introdução direta ao estado primordial do mestre quando iniciou a prática do Semde. Assim, essa primeira contemplação do Semde não é exatamente igual à prática de *shiné* no sistema do Sutra. No Dzogchen, desde o início, a experiência do estado de presença pura, ou *rigpa*, está envolvida. Assim, se alguém fosse falar dos quatro *naldjors* do Semde como se fossem "graduais" — no sentido de que alguém aplica os *naldjors* um a um — seria preciso qualificar essa afirmação dizendo que o Semde também poderia ser chamado "não gradual", porque no Dzogchen o indivíduo é sempre introduzido ao seu próprio estado desde o começo. De fato, pode ser melhor dizer que o Dzogchen não é nem gradual nem não gradual: no Semde, alguém é prontamente introduzido ao estado primordial pelo mestre, mas então ele ou ela desenvolve e aprofunda o estado de contemplação gradualmente através dos quatro *naldjors*. Quando o mestre introduz o estado, normalmente o reconhecemos, mas podemos ter dúvidas que tornem difícil permanecermos nele. Por isso, o desenvolvimento do estado calmo de *nepa* é muito importante para desenvolver a confiança do praticante, de modo que ele ou ela não "permaneça em dúvida" sobre sua própria condição — o segundo dos três princípios de Garab Dorje.

2) *Migyurwa* ("não movimento")

Esse estágio da prática do Semde diz respeito ao desenvolvimento de "claridade". Alguém descobriu o estado de *rigpa* (ou "presença pura") através do estado calmo (*nepa*) do primeiro *naldjor*, e agora, do ponto de vista dessa presença pura, o movimento dos pensamentos se torna idêntico à ausência de movimento. A experiência habitual dos seres sencientes é que pensamentos surgem continuamente sem interrupção lhes condicionam no dualismo. Para muitas pessoas, os pensamentos surgem com tanta intensidade que elas nem mesmo percebem a existência de espaço entre um e outro. Mas, quando alguém tem a capacidade de permanecer no estado de presença pura, como no *migyurwa naldjor* do Semde, o pensamento pode surgir, mas não tem mais o poder de perturbar. Assim, enquanto o pensamento é considerado um obstáculo à meditação no *shiné* do sistema do Sutra – no qual a pessoa busca no estado calmo, proteção da tempestade (por assim dizer) de pensamentos – dizem que para um praticante dzogchen "quanto mais pensamentos, mais sabedoria", porque (no caso desse estágio no desenvolvimento do praticante do Semde) ele é capaz de integrar o que pensa à contemplação e o surgimento do pensamento na realidade fortalece a claridade do estado de *rigpa* em lugar de distrair o praticante.

3) *Nyamnyid* ("equanimidade", o estado no qual tudo tem o mesmo sabor, isto é, não dual)

É o verdadeiro ponto de partida da contemplação no Semde. A pessoa tem capacidade de integrar os objetos dos sentidos. Todos os objetos dos sentidos são agora percebidos como a energia do estado primordial.

4) *Lhundrub* ("auto-perfeito", como no outro sistema terminológico dos estágios da prática do Semde)

Nesse ponto, o praticante não precisa mais aplicar esforço. É o estágio da iluminação. Ele continua a aprofundar a capacidade de integração, primeiro integrando as funções da mente, depois da energia e finalmente do corpo. A realização do corpo de luz é a integração suprema do corpo.

Também vale a pena observar que o termo *naldjor*, para o qual usa-se em geral "ioga" ou "união" como equivalente sânscrito, poderia igualmente implicar a união de duas coisas, enquanto de fato nenhuma noção de duas coisas que precisem ser unidas existe na visão não dual do Dzogchen. *Naldjor* é formado do nome *nalma*, que significa "o estado natural, inalterado (de algo)", e o verbo *jorwa*, que significa "possuir", de modo que as duas partes do termo em união expressam de forma adequada o conceito da "descoberta do estado natural ou primordial".

Outra vez, também devido à ausência da noção de que seja preciso unificar a dualidade no Dzogchen, em vez de serem chamadas de "quatro iogas", as fases da prática no Semde são com frequência chamadas de quatro *tingedzin*, ou "concentrações".

Anexo 2

Resumo biográfico do autor

Esta curta biografia foi publicada originalmente na segunda edição em tibetano do livro *Necklace of Gzi: A Cultural History of Tibet*, do autor, publicado pelo Private Office de Sua Santidade o Dalai Lama. Foi traduzido para o inglês por John Reynolds para ser incluído no livreto *Dzogchen and Zen*, de Namkhai Norbu, publicado por Zhang Zhung Editions, Oakland, Califórnia, 1984. Foi incluído aqui como uma biografia mais completa que o relato das anedotas de seus primeiros anos de vida presente no primeiro capítulo do livro. Uma vez que sua biografia interessará principalmente aos tibetologistas, deixamos os nomes e termos tibetanos no sistema de transcrição no qual o material foi publicado originalmente.

Nam mkha'i Norbu Rinpoche nasceu na vila de dGe'ug, no distrito lCong ra da província de sDe dge, no leste do Tibete, no sétimo, oitavo ou nono dia do décimo mês do ano do Tigre da Terra (1938 – a data exata é incerta na memória coletiva da família). Seu pai era sGrol ma Tshe ring, membro de família nobre e outrora alto funcionário do governo de sDe dge, e sua mãe era Ye shes Chos sgron.

Quando tinha dois anos de idade, dPal yul Karma Yang srid Rinpoche[40] e Zhe chen Rab byamas Rinpoche[41] o reconheceram como a reencarnação de A 'dzom 'Brug pa.[42] A 'dzom 'Brug pa foi um dos grandes mestres rDzogs chen do início do século XX. Ele era discípulo do primeiro mKhyen brtse Rinpoche, 'Jam dbyangs mKhyen brtse dBang

---

40 Kun-bzang Bro 'dul 'od gsal klong yangs rdo rje, 1898.

41 sNang mdzog gru pa'i rdo rje, 1900-

42 'Gro 'dul dpa' bo rdo rje, 1842-1924.

po (1829–1892), e também discípulo de dPal sprul Rinpoche.[43] Estes dois ilustres mestres foram líderes do movimento *Ris med*, ou "não sectário", no Tibete do século XIX. Por cerca de 37 vezes, A 'dzom 'Brug pa recebeu transmissões de seu mestre principal, 'Jam dbyangs mKhyen brtse, e de dPal sprul Rinpoche recebeu as transmissões completas do *kLong chen snying thig* e dos preceitos *rTsa rlung*. Por sua vez, A 'dzom 'Brug pa se tornou um *gter ston*, ou descobridor de textos-tesouro ocultos (*termas*), tendo recebido visões diretamente do incomparável 'Jigs med gLing pa (1730–1798) aos trinta anos de idade. Ensinando em A 'dzom sgar no leste do Tibete durante os retiros de verão e inverno[44], A 'dzom 'Brug pa se tornou mestre de muitos professores de rDzogs chen contemporâneos. Entre eles o tio paterno de Rinpoche, rTogs ldan Orgyan bsTan 'dzin[45], que foi seu primeiro mestre rDzog chen.

Quando tinha oito anos, o XVI Karmapa[46] e dPal spung Situ Rinpoche[47] reconheceram Norbu Rinpoche como a encarnação da mente[48] de Lho 'Brug Zhabs drung Rinpoche.[49] Este último mestre, a reencarnação do ilustre mestre 'Brug pa bKa' brgyud Padma dKar po (1527–1592), foi o verdadeiro fundador histórico do país do Butão. Até o início do século XX, os Zhabs drung Rinpoches eram os dharmarajas, ou governantes temporais e espirituais do Butão.

Quando ainda criança, de rDzogs chen mKhan Rinpoche,[50] de

---

43 rDza dPal sprul Rin po che, O rgyan 'jigs med chos kyi dbang po, 1808–1887.

44 Durante os retiros de verão, ele ensinava rDzogs chen e, durante os retiros de inverno, ensinava rtsa lung, a ioga dos canais e energias.

45 O termo rtogs ldan significa "aquele que alcançou a compreensão", e é mais ou menos sinônimo de 'byor pa, "iogue".

46 rGyal ba Karmapa, Rangbyung rig pa'i rdo rje, 1924–1981.

47 Padma dbang mchog rgyal po, 1886–1952.

48 thugs kyi sprul sku

49 Ngag dbang rnam rgyal, 1594–1651.

50 Kun dga' dpal ldan, 1878–1950.

seu tio materno mKhyen brtse Yang srid Rinpoche[51] e de seu tio paterno rTogs ldan Orgyan bsTan 'dzin, Norbu Rinpoche recebeu instruções do *rDzogs chen gsang ba snying thig* e do *nNying thik Ya bzhi*. Nesse meio tempo, de gNas rgyab mChog sprul Rinpoche[52] recebeu as transmissões de *rNying ma bka' ma*, o *kLong gsal rdo rje snying po*, e o *gNam chos* de Mi 'gyur rDor rje. De mKhan Rinpoche dPal ldan Tshum khrims (1906), ele recebeu a transmissão do *rGyud sde kun btus*, a famosa coleção Sa skya de práticas tântricas. Além disso, recebeu muitas iniciações e ouviu muitas explicações orais[53] de famosos mestres Ris med pa, ou mestres não sectários, do leste do Tibete.

Dos oito aos doze anos, frequentou o instituto de sDe dge dbon sod slob grwa no monatério de sDe dge dgon chen, onde, com mKhen Rinpoche mKhyen rab Chos kyi 'od zer (1901), estudou os treze textos básicos[54] utilizados no currículo acadêmico padrão elaborado por mKhan po gZhan dga'.[55] Norbu Rinpoche se tornou particularmente

---

51 'Jam dbyangs chos kyi dbang phyug, 1910–1973.

52 'Jam dbyang blo gros rgya mtsho, 1902–1952.

53 dbang dang khrid

54 gzhung chen bcu gsum. Esses textos são:
   1) Prātimokṣa sūtra
   2) Vinaya sūtra de Guṇaprabha
   3) Abhidharmasamuccaya de Asaṅga
   4) Abhidharmakośa de Vasubandhu
   5) Mūlamadhyamakakārikā de Nagarjuna
   6) Madhyamakāvatāra de Candrakirti
   7) Catuḥśataka de Āryadeva
   8) Bodhicaryāvatāra de Śantideva
   9) Abhisamayālaṃkāra de Maitreya/Asaṅga
   10) Mahāyānasūtrālaṃkāra de Maitreya/Asaṅga
   11) Madhyāntavibhāga de Maitreya/Asaṅga
   12) Dharmadharmatāvibhāga de Maitreya/Asaṅga
   13) Uttaratantra de Maitreya/Asaṅga

55 gZhan phan chos kyi snang ba

versado no Abhisamayālaṅkāra. Além disso, com o mesmo mestre estudou o grande comentário do tantra Kālacakra[56], o tantra Guhyagarbha, o *Zab mo nang don* do Karmapa Rang byung rDo rje, os tantras sobre medicina,[57] astrologia chinesa e indiana,[58] também recebendo dele iniciações e transmissões do *Sa skya'i sgrub thabs kun btus*. Dos 8 aos 14 anos, no instituto de sDe dge Ku se gSer ljongs bshad grwa, de mKhan Rinpoche Brag gyab Blos gros (1913), ele recebeu instruções sobre os sūtras Prajñāpāramitā, Abhisamayālaṅkāra e três textos tântricos: o *rDo rje Gur*, o tantra Hevajra e o tantra Samputa.[59] Por seu tutor mChog sprul Rinpoche,[60] foi instruído em ciências seculares.[61]

Dos 8 aos 14 anos, no monastério rDzong gsar no leste do Tibete, recebeu ensinamentos do ilustre rDzong gsar mKhyen brtse Rinpoche[62] sobre o *Sa skya'i zab chos lam 'bras*, a doutrina quintessencial da escola Sa skya pa, e além disso, sobre três textos: *rGyud kyi spyi don rnam bzhag*, *lJon shing chen mo* e o tantra Hevajra.[63] No instituto de Khams bre bshad grwa, com mKham Rinpoche Mi nyag Dam chos (1920), estudou o texto básico sobre lógica, o *Tshad ma rig gter* de Sa skya Pandita.

Depois, na caverna de meditação em Seng-chen gNam brag, fez um retiro com seu tio rTogs ldan O rgyan bsTan 'dzin para as práticas de Vajrapāṇi, Siṃhamukha e Tāra Branca. Nessa ocasião, o filho de

---

56 Dus 'khor 'grel chen

57 rGyud bzhi

58 rtsis dkar nag

59 gur brtag sam gsum

60 Yong 'dzin mchog sprul, Kun dga' grags pa, 1922–

61 rig gnas kyi skor

62 rDzong gsar mkhyen brtse Rin po che, 'Jam mgon mkhyen sprul Chos kyi blo gros, 1896–1959.

63 spyi ljon brtag gsum. O Hevajra Tantra é também conhecido como brtag gnyis, porque está divido em duas partes.

A 'dzom 'Brug pa, 'Gyur med rDo je (1895–?), retornou da região central do Tibete e, passando certo tempo com eles, conferiu o ciclo de rDo rje gro lod, o Klong chen snying thig e o ciclo de dGongs pa zang thal de Rig 'dzin rGod ldem 'Phru can.

Aos catorze anos, em 1951, recebeu as iniciações de Vajrayogini, de acordo com as tradições Ngor pa e Tshar pa dos Sa skya. Seu tutor o aconselhou a procurar uma mulher que vivia na região de Kadari, que era a personificação viva de Vajrayogini, e a receber dela a iniciação. Essa mestra, A gYu mKha' 'gro rDo rje dPal sgron (1838–1953), foi discípula direta dos grandes 'Jam dbyangs mKhyen brtse dBang po e Nyag bla Padma dDud 'dul, bem como contemporânea mais velha de A 'dzom 'Brug pa. Naquela época, ela tinha 113 anos e permanecera em retiro no escuro[64] por cerca de 56 anos. Norbu Rinpoche recebeu dela transmissões *de mKha' 'gro gsang 'dus*, o tesouro da mente[65] de 'Jam dbyang mKhyen brtse dBang po, e o *mKha' 'gro yang thig*, no qual a prática principal é o retiro no escuro, assim como o *kLong chen snying thig*. Ela também lhe concedeu os tesouros da mente descobertos por ela mesma, incluindo o de Ḍākini Siṃhamukha, o *mKha' 'gro dbang mo' i seng ge gdong ma' i zab thig*.

Em seguida, em 1954, ele foi convidado a visitar a República Popular da China como representante da juventude tibetana. A partir de 1954, foi instrutor do idioma tibetano na Southwestern University of Minor Nationalities, em Chengdu, Sichuan, na China. Enquanto vivia na China, encontrou o famoso Gangs dkar Rinpoche.[66] Desse mestre ouviu muitas explicações sobre as seis doutrinas de Naropa,[67] *mahamudra*, o *dKon mcho spyi 'dus*, assim como de medicina tibetana. Durante esse período, Norbu Rinpoche também adquiriu proficiência nos idiomas chinês e mongol.

---

64 mun mtshams

65 dgongs gter

66 Gangs dkar Rin po che, Karma bshad sprul Chos kyi seng ge, 1903–1956.

67 Na ro chos drug

Aos dezessete anos, de regresso à sua pátria em sDe dge, obedecendo a uma visão recebida em sonho, encontrou seu mestre raiz,[68] Nyag bla Rinpoche Rig 'dzin Byang chub rDo rje (1826–1978), que morava em um vale remoto ao leste de sDe dge. Byang chub rDo rje Rinpoche era originário da região de Nyag rong, na fronteira com a China. Era discípulo de A 'dzom 'Brug pa, de Nyag bla Padma dDud 'dul e de Shar rdza Rinpoche,[69] o famoso professor bönpo de Dzogchen que alcançou o corpo de luz de arco-íris.[70] Naquele vale remoto, Byang chub rDo rje praticava medicina e liderava uma comunidade chamada Nyag bla sGar. Era uma comunidade totalmente autossuficiente, constituída apenas por praticantes leigos, iogues e ioguinis. Desse mestre, Norbu Rinpoche recebeu a iniciação e transmissão de ensinamentos essenciais do rDzog chen *Sems sde*, *Klong sde* e *Man ngag gi sde*. Em especial, esse mestre lhe concedeu a introdução direta à experiência do rDzogs chen. Ele permaneceu ali por quase um ano, com frequência auxiliando Byang chub rDo rje em sua prática médica e servindo como escriba e secretário. Também recebeu transmissões do filho do mestre, Nyag sras 'Gyur med rDo rje. Depois disso, Norbu Rinpoche partiu em longa peregrinação à região central do Tibete, Nepal, Índia e Butão. Ao retornar a sDe dge, sua terra natal, descobriu que as condições políticas haviam se deteriorado muito e levado a uma explosão de violência. Fugindo primeiro em direção ao centro do Tibete, finalmente chegou em segurança no Sikkim como refugiado. De 1958 a 1960, morou em Gangtok, no Sikkim, trabalhando como autor e editor de livros-texto tibetanos para o Development Office, do Governo de Sikkim. Em 1960, aos 22 anos, a convite do professor Giuseppe Tucci, foi para a Itália e residiu por muitos anos em Roma. Durante esse período, de 1960 a 1964, foi pesquisador associado no

---

68 rtsa ba'i bla ma

69 Shar rdza bKra shis rgyal mtshan, 1859–1935.

70 'ja 'lus pa

Istituto Italiano per il Medio ed Estremo Oriente. Recebendo uma bolsa da Rockfeller Foundation, trabalhou em estreita colaboração com o professor Tucci e escreveu dois anexos para a obra *Tibetan Folk Songs of Gyante and Western Tibet* (Roma, 1966), do professor Tucci. Também ministrou seminários sobre ioga, medicina e astrologia no IsMEO.

De 1964 a 1994, Norbu Rinpoche foi professor universitário no Istituto Orientale, na Universidade de Nápoles, onde ensinava as línguas tibetana e mongol, e história cultural tibetana. Desde então, realizou extensa pesquisa sobre as origens históricas da cultura tibetana, investigando fontes literárias pouco conhecidas da tradição bönpo. Em 1983, Norbu Rinpoche promoveu a primeira Convenção Internacional de Medicina Tibetana, sediada em Veneza, na Itália. Enquanto ainda lecionava de forma ativa na universidade, e também depois de sua aposentadoria do cargo de professor universitário, Norbu Rinpoche tem conduzido informalmente retiros de ensinamentos em vários países, incluindo Itália, França, Inglaterra, Áustria, Dinamarca, Noruega, Finlândia e, desde 1979, Estados Unidos. Durante esses retiros, transmitiu instruções práticas sobre as práticas rDzogs chen em um estilo não sectário, assim como ensinou aspectos da cultura tibetana, em especial *yantra* ioga, medicina tibetana e astrologia. Além disso, sob sua orientação – a princípio na Itália e agora em diversos outros países, incluindo os Estados Unidos – formou-se o que passou a ser conhecido como a Comunidade Dzogchen.[71] É uma associação informal de indivíduos que, enquanto continuam a trabalhar em suas ocupações usuais na sociedade, compartilham o interesse comum de seguir e praticar os ensinamentos que Norbu Rinpoche transmite continuamente.

As informações acima foram em grande parte extraídas por John Reynolds de uma biografia em tibetano anexada ao livro do professor Norbu, *sZi yi Phreng ba (Dharmasala: Library of Tibetan Works and Archives*, 1982).

---

71 sdzogs chen 'dus de

Anexo 3

Comentários às figuras

Figura 1

Trata-se de uma *thanka* contemporânea, pintura tradicionalmente feita sobre tecido de algodão, de modo a ser enrolada e transportada com facilidade. Garab Dorje, o primeiro mestre de Dzogchen a se manifestar neste planeta neste ciclo temporal (nascido no século III a.C.), aparece em um *thigle* luminoso de luz visionária acima de Adzam Drugpa, um dos grandes mestres dzogchen do final do século XIX e início do século XX. Garab Dorje é aqui mostrado na forma de um mahasiddha (um praticante realizado do Tantra e/ou do Dzogchen), embora também seja às vezes representado de forma semelhante à usada para retratar o Buda histórico, Shakyamuni. Ao lado de Garab Dorje (que está sentado em uma pele de cervo), há uma cuia tântrica, usada para guardar objetos rituais secretos, textos etc. Adzam Drugpa é mostrado nos trajes comuns de um tibetano leigo, com uma fina túnica de seda por cima, sentado em seu assento de professor, pronto para ensinar. Na pequena mesa à sua frente (da esquerda para direita), há: um pequeno *damaru*; um sino e um *dorje*; um *melong*, ou espelho usado como símbolo para explicar alguns aspectos dos ensinamentos; e uma taça de crânio usada como tigela de oferendas.

Figuras 2 e 3

Ver legendas das figuras.

FIGURA 4

Nubchen Sangye Yeshe foi um grande iogue realizado, cujas atividades ajudaram a assegurar a sobrevivência e continuidade dos ensinamentos estabelecidos no Tibete por Padmasambhava. Depois da saída de Padma-sambhava do Tibete, durante o perído no qual o darma budista, após a propagação inicial, foi oprimido por razões políticas, era virtualmente impossível para uma comunidade de monges praticar de forma aberta nos monastérios. A transmissão e prática dos ensinamentos foi então levada adiante por praticantes leigos sob a orientação de mestres como Nubchen Sangye Yeshe, que vivia e praticava com discrição em comunidades de leigos, em vilas remotas e retiros nas montanhas, longe dos centros de poder político. Os ensinamentos foram assim preservados até que o ambiente político se tornasse favorável outra vez. Nubchen Sangye Yeshe era perito em controlar influências negativas e, nesse detalhe, ele é retratado manejando sua *purba* para afastar demônios. Um iogue voa no ar acima da caverna, e a sílaba "HUM", símbolo do estado primordial, manifesta-se sobre uma montanha.

FIGURA 5

Nos ensinamentos, a energia geralmente é considerada como feminina (ativa), enquanto a matéria ou substância é masculina (passiva). Assim, a classe de seres que se manifestam como (ou dominam determinados aspectos da) energia são considerados femininos e chamados de *dakini* em sânscrito ou *khandro* (literalmente, "que andam no espaço") em tibetano. Existem tanto *dakinis* mundanas quanto não mundanas. As *dakinis* não mundanas são classificadas em cinco grupos, como os cinco *dhyani* budas, de acordo com o tipo de atividade. Existem manifestações *sambhogakaya*, como Simhamukha (p.57) e Vajrayogini, que são da família Buda, e como tal são manifestações da suprema atividade da realização total; e manifestações *nirmanakaya*, tais como as mestras iluminadas, consortes realizadas de mestres e assim por diante. Algumas *dakinis* se manifestam como guardiãs, como Ekajati (p.136). Assim, entre as *dakinis* mundanas, existem as "devoradoras de carne" ou "canibais" e outros tipos de *dakinis* que podem causar mal aos seres humanos. Em geral, as *dakinis* podem ser de vários tipos e podem se manifestar de modo pacífico ou irado, criativo ou destrutivo. Algumas se manifestam como seres humanos, outras como maus espíritos.

Durante seu tempo de vida na Terra, Garab Dorje ensinou as *dakinis* por muitos anos antes de ensinar os seres humanos. Ele previu que, dos seres que poderiam se realizar com o ensinamento Dzogchen, a maioria seria do gênero feminino. Embora isso possa significar que o número de mulheres que obteriam realização ao aplicarem o ensinamento Dzogchen seria maior que o número de homens, também pode se referir às *dakinis*, cujo número é bem superior ao número de seres humanos; além disso, centenas de milhares de *dakinis* podem ter contato contínuo com os mestres que realizaram o corpo de luz, ao passo que esse contato é mais difícil para seres humanos comuns. Padmasambhava também ensinou muitas *dakinis* por quatro anos após seu nascimento miraculoso próximo ao lago Dhanakosha e considera-se que ele é sempre cortejado por elas. Assim, as *dakinis* passaram a ser responsáveis por muitos ensinamentos que foram confiados a seus cuidados tanto pelo próprio Padmasambhava quanto por sua consorte, Yeshe Tsogyal. As *dakinis* e a classe de seres associados a lugares aquáticos, conhecidos como *nagas*, guardam um *terma*, ou tesouro escondido, até chegar a época propícia para sua redescoberta e revelação por um *tertön*. *Tertöns* são reencarnações dos principais discípulos de Padmasambhava e outros mestres, que possuem uma conexão particular com os dezoito tipos de tesouros escondidos que Padmasambhava decidiu ocultar para as futuras gerações. Padmasambhava viveu no século IX d.C., e profetizou que no futuro apareceriam três *tertöns* "magníficos", oito "grandes", 21 "poderosos", 108 "intermediários" e mil "secundários" de vários tipos. *Tertöns* podem revelar objetos, substâncias ou textos de darma. No último caso, os *tertöns* necessitam de claridade visionária, não apenas para encontrar os textos, mas também para interpretar o seu significado, pois *termas* com frequência são revelados na língua das *dakinis*. Através do processo permanente de descoberta de *termas*, os ensinamentos têm sido renovados e refinados continuamente enquanto são transmitidos, em vez de se tornarem menos claros, ou até mesmo totalmente perdidos, como poderia ter acontecido se existisse apenas uma transmissão oral.

FIGURA 6

Mandarava segura um vaso de longa vida na mão esquerda; na mão direita, segura um *dadar*, flecha ritual cuja haste reta representa a força vital do indivíduo, assim como o princípio ativo do estado primordial. Estão atados à haste: um *melong*, ou "espelho", que aqui, como a tudo reflete, representa a natureza completamente abrangente do estado primordial; fitas de cinco cores, cujo esvoaçar representa o movimento contínuo dos cinco elementos que são transportados pelo *prana*, ou "força vital", e permitem que ocorra o desenvolvimento e regeneração contínua do corpo físico. Acima de Mandarava, as *dakinis* das cinco famílias portam oferendas.

FIGURA 7

Ver legenda da figura.

FIGURA 8

Vairochana foi um dos primeiros sete monges budistas ordenados no Tibete, recebendo os votos de Shantarakshita. Mais tarde, Padmasambhava e o rei do Tibete, Trisong Deutsen, lhe pediram para ir a Oddiyana buscar ensinamentos e trazê-los ao Tibete. Ele partiu em viagem acompanhado de outro mestre tibetano e, quando chegaram a Oddiyana, passaram um longo tempo com Shri Simha, discípulo de Manjushrimitra, o principal discípulo de Garab Dorje, que lhes transmitiu os ensinamentos do Semde do Dzogchen. O companheiro de Vairochana, satisfeito com esses ensinamentos, partiu em retorno ao Tibete, mas faleceu no caminho. Vairochana permaneceu em Oddiyana por mais dois anos para receber mais ensinamentos de Shri Simha e, em seguida voltou ao Tibete, onde iria transmiti-los ao rei. Determinadas facções políticas, contudo, procuravam desacreditar Vairochana, alegando que os ensinamentos que ele trouxera de viagem eram inválidos. Com acusações falsas contra Vairochana, alegando que tivera relações ilícitas com uma esposa do rei, essas facções conseguiram forçar Trisong Deutsen, contra sua vontade, a exilar o grande mestre no leste do Tibete por muitos anos. Mas naquela região havia um líder local que tinha um jovem filho chamado Yudra Nyinpo. Quando esse garoto encontrou Vairochana, imediatamente foi capaz de entender todos os ensinamentos que o mestre lhe dava. Também manifestou muitos ensinamentos dzogchen de sua própria memória, embora fosse jovem demais para já tê-los estudado. Vairochana o reconheceu como a reencarnação de seu companheiro de viagem a Oddiyana e ele se tornou seu principal discípulo, e depois também discípulo de Padmasambhava. Finalmente Vairochana caiu outra vez nas graças do rei, quando Vimalamitra convenceu Trisong Deutsen de que os seus ensinamentos eram autênticos. Vairochana retornou à corte, onde, junto com Vimalamitra, Yeshe Tsogyal e o rei, foi fundamental para a difusão dos ensinamentos por todo o Tibete.

FIGURAS 9 E 10

Ver legendas das figuras.

FIGURA 11

O templo pessoal do quinto Dalai Lama é conhecido como Zongdag Lukang, e três dos murais que ele contém representam visões relacionadas ao ensinamento Dzogchen. Um mural ilustra o comentário de Longchenpa sobre um tantra dzogchen chamado *Ripga rangshar*, interpretado de acordo com a própria experiência de prática do quinto Dalai Lama. Mostra visões características da prática secreta de *thödgal* que leva à realização do corpo de luz ou corpo de arco-íris. Outro mural exibe as oito manifestações de Padmasambhava e os 84 principais *mahasidhas* da tradição tântrica. O terceiro mural ilustra posições e movimentos do *yantra* ioga, uma forma específica de ioga tibetana. Existem movimentos do *yantra* ioga nas tradições nativas do Bön, no Anuttarayoga budista e nos tantras internos dos Nyingmapa, assim como no ensinamento Dzogchen budista. Esses murais nunca haviam sido fotografados antes, pois o templo é fechado ao público pelas autoridades. O autor conseguiu fotografá-los enquanto revisitava o Tibete em 1981 — a primeira oportunidade de visitar sua terra natal em mais de vinte anos.

FIGURAS 12 E 13

A diferença prática entre o *yantra* ioga e o *hatha* ioga indiano, que na atualidade é mais amplamente conhecido no Ocidente, é que o *yantra* ioga trabalha com um sistema de movimentos corporais associados à respiração, em vez de posições fixas, que costumam ser a base do *hatha* ioga. As realizações almejadas também são fundamentalmente diferentes nos dois sistemas.

FIGURAS 14 A 27

Ver legendas das figuras.

Outras publicações de Chögyal Namkhai Norbu

Norbu, Chögyal Namkhai. *An Introduction to Dzogchen, Replies to Sixteen Questions*, Merigar: Shang Shung Edizioni, 1988.

_____ *A Journey into the Culture of Tibetan Nomads*, texto em tibetano com introdução em inglês, Merigar: Shang Shung Edizioni, 1983.

_____ Katz, M (ed.). *Dream Yoga and The Practice of Natural Light*, Nova York: Snow Lion Publications, 1992.

_____ *Drung, Deu, and Bön: Narrations, Symbolic Languages and the Bön Tradition in Ancient Tibet*. Dharamsala: Library of Tibetan Works and Archives, 1995.

_____ Lippman, K (ed.). *Dzogchen and Zen*. Berkeley: Lightning Source, 1984.

_____ Clemente, A.C (ed.). *Dzogchen: The Self-Perfected State*. Penguin, 1989. Nova York: Snow Lion Publications, 1996.

_____ *Gangs ti se'i dkar chag, A Bonpo Story of the Sacred Mountain Ti-se and the Blue Lake Ma-pang*. Roma, 1989.

Lauf, Detlef I. *Il Libro Tibetano Dei Morti*. Roma: Newton Compton Editori, 1983.

Norbu, Chögyal Namkhai. *Musical Tradition of the Tibetan People: Songs in dance measure*, Roma: Orientalia Romana, 1967.

On Birth and Life, A Treatise on Tibetan Medicine, traduzido do tibetano para o italiano por Chögyal Namkhai Norbu e Enrico Del'Angelo, e do italiano para o inglês por Barry Simmons, Shang Shung Edizioni, Merigar, Itália, 1983.

Some Observations on the Race and Language of Tibet, Tibet Journal, v.7, n.3, Dharamsala, 1982.

The Mirror: Advice on Presence and Awareness, traduzido do tibetano por Adriano Clemente, Station Hill Press, Barrytown, 1996.

The Cycle of Day and Night: Where Onde Proceeds Along the Path of Primordial Yoga, um texto básico sobre a prática de Dzogchen, traduzido e editado por John M. Reynolds, Barrytown, 1979.

The Necklace of Gzi, A Cultural History of Tibet, Information Office de Sua Santidade o Dalai Lama, Dharamsala, Índia, 1981, edições em tibetano e inglês.

The Six Vajra Verses, Rigpai Kujyug, editado por C. Goh, Singapura, 1990.

The Small Collection of Hidden Precepts, estudo de um antigo manuscrito de Dzogchen de Tun-Huang, um estudo de um texto de Buddhagupta, com comentário de Namkhai Norbu, com extenso glossário de termos Dzogchen, Shang Shung Edizioni, Merigar, Itália.

The Supreme Source, em coautoria com Adriano Clemente, Snow Lion Publications, Ithaca, Nova York, 1999.

Primordial Experience: Manjushrimitra's Treatise on the Meaning of Bodhicitta in rDzogs chen, Namkhai Norbu com Kennard Lipman, em colaboração com Barry Simmons, traduzido do tibetano para o inglês, Shambhala Publications, Boston, 1983, 1986.

"*The Biography of A-Yu Khadro*", Dorje Paldron, em Tsultrim Allione, *Women of Wisdom*, Londres, 1984.

Yantra yoga, the tibetan yoga of movement, texto raiz de Vairochana em tibetano, com extenso comentário também em tibetano e introdução em inglês, Shang Shung Edizioni, Merigar, Itália. Tradução para o inglês publicada por Snow Lion Publications, Ithaca, NY, 2008.

Zer-Nga: The Five Principal Points: A Dzogchen Upadesha Practice, Shang-Shung Editions, Londres, 1985.

Shang Shung Edizioni (Comunita Dzogchen, 58031 Arcidosso, G.R., Itália) publica muitos livros de Namkhai Norbu para praticantes. Para conhecer o catálogo, visite o site (em inglês e italiano): *http://www.shangshungstore.org/*

Algumas publicações de Chögyal Namkhai Norbu em tibetano:

Bod kyi lo rgyus 'phros pa'i gtam g.yung drung nor bu'i do shal, Dharamsala, 1981.

Bod rigs gzhon nu rnams la gros su 'debs pa gzi yi phreng ba, Dharamsala, 1982.

Byang 'brog gi lam yig, *A Journey into the Culture of Tibetan Nomads*, Arcidosso, 1983.

'Phrul 'khor nyi zla kha sbyor gyi dgongs 'grel dri med nor bu'i me long, Arcidosso, 1983.

sBad pa'i rgum chung, Arcidosso, 1983.

233

Bod sman stabs bder lag len byed tshul dngul gyi me long, Dharamsala, 1988.

Bod kyi ya thog gi lo rgyus skor, em *China Tibetogy*, v.2, Beijing, 1988.

Bod kyi gna rabs dus rim gyi lo rgyus la zhib 'jug byed phyogs skor gyi bsam 'char phran bu, em *Bod ljongs zhin 'jug*, n.3, Lhasa, 1988.

Bod ces bya ba'i tha snyad la dpyad pa, em *China Tibetogy*, v.4, Beijing, 1989.

sGrung lde'u bon gsum gyi gtam e ma ho, Dharamsala, 1989.

Bod sman gyi cha lag skye ba dang 'tsho ba, Dharamsala, 1990.

Zhang bod gna rabs kyi lo rgyus nor bu'i me long, Sichuan, 1990.

rDzogs pa chen po'i skor gyi dris lan, em *China Tibetogy*, v.3, Beijing, 1990.

A Comunidade Dzogchen

Visite o site da Comunidade Dzogchen em:
https://dzogchen.net/

The Mirror (jornal da *International Dzogchen Community*), caixa postal 227, Conway, Massachussets 01341, Estados Unidos.

Site: *www.melong.com*
Informações sobre retiros conduzidos por Chögyal Namkhai Norbu Rinpoche em várias partes do mundo e transcrições de gravações de retiros passados estão disponíveis em:

Europa
Comunidade Dzogchen na Europa: Merigar, 58031, Arcidosso, G.R., Itália.
Telefone: 39 0564 96837
Site: *http://www.dzogchen.it/*

América do Norte
Comunidade Dzogchen nos Estados Unidos: Tsegyalgar, caixa postal 227, Conway, Massachussets 01341, USA.
Site: *http://tsegyalgar.org/*
Loja: *http://shangshung.org/store/*

América do Sul
Tashigar, Mariano Moreno, 382
5000 Córdoba, Argentina
Site: *http://www.tashigarsur.com/*

Brasil

Comunidade Dzogchen do Brasil.
Correio eletrônico: dzogchenbrasil@gmail.com
Site: *http://dzogchen.tumblr.com/*

Rússia

Comunidade Dzogchen da Rússia.
Telefone: (905)243-21156
Correio eletrônico: kunsang@gar.dzogchen.art.ru

Austrália

Comunidade Dzogchen da Austrália: Namgyalgar, caixa 14, Central Tilba, NSW
2546.
Telefone/fax: 61.2.4476 3446
Site: *http://www.dzogchen.org.au/*

ÍNDICE REMISSIVO

Que muitos seres sejam beneficiados.

Para maiores informações sobre
lançamentos da Lúcida Letra, cadastre-se
em www.lucidaletra.com.br

Impresso em maio de 2017 na
gráfica Vozes, utilizando-se as
fontes Perpetua e Base 9.